Lasse Los

Umkehren oder Umkommen?

AF199820

Lasse Los, Jahrgang 1947, Diplom-Pädagoge und Psychologe, Liedermacher und Dichtender, kurzum: Passionierter und mittlerweile pensionierter Mitmensch, beruflich in verschiedenen sozialpädagogischen und psychologisch beratenden Feldern, auch spirituell begleitend, kreativ tätig gewesen, seit mehr als fünfundzwanzig Jahren seine Lebensweisheiten (ver)dichtend aktiv.

Mahn-Sinn gegen Wahn-Sinn

*Nein, ich mache Euren Wahnsinn,
den Ihr auslebt, nicht mehr mit.
In mir rüttelt es, der Mahnsinn
setzt den radikalen Schnitt
gegen die Verwucherungen
Eurer gier-af-fi-gen A R T.*

*Sie ist in Euch vorgedrungen,
überdröhnt die GEGENWART,
die noch heilsam IN-EUCH tönt:
Haltet ein! Ihr lebt verkehrt!
Und schaut das, was Euch versehrt.*

*Ihr habt Euch zu sehr verwöhnt!
Euer Wohlstands-Wucher-Wahn
hat Euch angekrankt: Verloren
ist man auf solch` einer
Bahn. Seid Ihr dazu
auserkoren?*

*Eure Gier nach
Noch-Mehr-Leben lässt
Euch nur am Noch-Mehr kleben!
Nein, ich mache Euren Wahnsinn,
den Ihr auslebt, nicht mehr mit!
In mir rüttelt es: Der Mahnsinn
setzt den radikalen Schnitt
gegen den gelebten
Unsinn!*

Lasse Los

Umkehren oder Umkommen?

Ent-
sorgt den Wohlstands-
Wucher – Wahn!
Es
kostet
sonst die
Welt!

Gedichte und Lieder

FSC
www.fsc.org

MIX
Papier aus ver-
antwortungsvollen
Quellen
Paper from
responsible sources
FSC® C105338

Bibliografische Information der Deutschen Nationalbibliothek:
Die Deutsche Nationalbibliothek verzeichnet diese Publikation in der
Deutschen Nationalbibliografie; detaillierte bibliografische Daten sind im
Internet über http://dnb.dnb.de abrufbar.

© 2020 Name des Autors/Rechteinhabers: Lasse Los

Umschlaggestaltung: Lasse Los
Edition LOS Band 11
lasselos@email.de

Herstellung und Verlag:
BoD - Books on Demand,
Norderstedt

ISBN: 978-3-7504-3293-2

Inhalt   Seite

B. Was der Fall sein könnte: **50**
Fallstricke fallen

C. Auf alle Fälle ein neuer Fall: 89
Das LEBEN im Leben

Bisher in der Reihe Edition LOS erschienen **131**

(Acht Bände mit Gedichten, Briefen, Texten,
Wort-Bildern, Liedern, Musik-Text-
Collagen und Music-Textivals
zu verschiedenen
Themen)

Prolog

Kahlfraß-
Wohlstands-Wucher-Wahn

Mir träumte heute Nacht schon bald
auf meiner träumerischen Bahn vom
Kahlfraß-Wohlstandswucherwahn
als einer bildhaften Gestalt.

Sie ist ur-alt, sie ist ur-jung.
Sie ist die fressende Gewalt,
zeigt sich in jedweder Gestalt,
lebt lauernd auf dem Sprung:

Alles fressend zu zerstören,
alles Unheil noch zu mehren,
denn sie kann nie aufhören!

„Was den Nazis nicht gelungen,
werd` ich gründlicher verheeren!"
hat sie zynisch hin-ge-sun-gen
und ist fressend vorgedrungen.

Umkehren oder Umkommen?

Text+Musik
Lasse Los

Refr.: Noch ist es nicht zu spät, uns vor dem Ab-grund zu be-wah - ren! Doch

nä - hert sich uns schon ein Don-ner - ton! Doch

nä - hert sich uns schon ein Don-ner - ton!

1. Der aus der Zu-kunft zu uns rollt! Wer acht-sam lebt, wird ihn ge-wah - ren und

spü - ren, wie er be-bend grollt! Er will uns of - fen - ba - a-ren,

dass wir uns selbst be - droh'n! Er kün - det die Zer - stö - rungs-macht,

die wir mit selbst - herr-li-chem Tun oh - ne Rück-sicht voll ent - facht!

2. Dem wir, im Schlem-mer-sumpf ver-wöhnt, nur be-nom-men lau-schen kön-nen,

wie er von zwei We-gen tönt: Um - keh - ren o - der Um -

kom-men!

Umkehren oder Umkommen? *

Refr.:   Noch ist es nicht zu spät,
uns vor dem Abgrund zu bewahren!
Doch nähert sich uns schon ein Donnerton!
Doch nähert sich uns schon ein Donnerton!

1. Str.:   Der aus der Zukunft zu uns rollt!
Wer achtsam lebt, wird ihn gewahren
und spüren, wie er bebend grollt!
Er will uns offenbaren,
dass wir uns selbst bedroh`n!
Er kündet die Zerstörungsmacht,
die wir mit selbstherrlichem Tun
ohne Rücksicht voll entfacht!

Refr.:   Noch ist es nicht zu spät,
uns vor dem Abgrund zu bewahren!
Doch nähert sich uns schon ein Donnerton!
Doch nähert sich uns schon ein Donnerton!

2. Str.:   Dem wir, im Schlemmersumpf verwöhnt,
nur benommen lauschen können,
wie er von zwei Wegen tönt:
Umkehren oder Umkommen!

Refr.:   Noch ist es nicht zu spät,
uns vor dem Abgrund zu bewahren!
Doch nähert sich uns schon ein Donnerton!
Doch nähert sich uns schon ein Donnerton!

A. Was der Fall ist:

Fallstricke gefallen und bringen zu Fall

Alle Macht den Uhren!?

Alle Macht den Uhren
ist das Motto unserer Zeit.
Leben nur auf Hochtouren
überall, weltenweit.

Alle Macht der Tyrannei,
unsere Zeit zu schänden,
in der Zeitsklaverei
uns gestundet zu verpfänden.

Alle Macht den Fresskulturen,
stressgetränkt, konsumgeweiht.
Alle Macht den Uhren:
alle-gemacht für alle-zeit.

**Aus-Knopf
fernbe-
dient**

**Weil
wir, im
Aus-Knopf
fernbedient,
nur ständig
eingeschal-
tet sind,**

**bleibt
uns das
wahre Leben
A U S !**

Aus/Auf-Richtungsgewinn

Um meine   Arbeit zu   verrichten,
muss ich auf   meinem   Posten,
sagst Du,   mich an ihr   ausrichten.

Es
kann den
Arbeitsplatz
mich kosten,
wenn ich in meiner Tätigkeit nicht vollkommen
verfügbar bin! Nun, ich versteh` Dein Arbeitsleid!
Doch was hat
es für
einen
Sinn,
wenn Du
- gefügig - Dich
verhebst und so Dein
SELBST-SEIN Dir zerfrisst?

Wenn Du nur ausgerichtet bist
und nicht in
Aufrichtung
Dich
lebst,
so richtest
Du Dich selber hin!
Was ist das dann für ein Gewinn?

Außer
Rand und Bank

Seine Gier nach Profit
brachte ihn aus dem Tritt.
Denn sie nahm bald überhand,
ist jetzt außer Rand und Bank.
Und so hält er nicht mehr Schritt
und verkommt mit und mit.

Beherrschbarkeit von LEBEN?

Ihr habt Euch viel zu weit entfernt vom Boden!
Die Ehrfurcht vor der Erde ist Euch fremd.
Ihr giert nur noch nach neuen High-Tech-Moden.
Vom Hemmungslosen seid Ihr überschwemmt.

Die Technik hat Euch Freiheiten beschwert,
die Ihr in völlig falscher Weise nutzt.
In Eurer Gier habt Ihr Euch selbst versehrt,
im Technik-Wahn das Leben Euch gestutzt.

Ihr glaubt, das Leben ließe sich gewinnen
mit technischer Noch-Mehr-Beherrschbarkeit.
Spürt Ihr denn nicht das sinnlose Zerrinnen
im Technik-Wahn vergeudeter Zeit?

Ihr habt Euch viel zu weit entfernt vom LEBEN!
Die Ehrfurcht vor dem Leben ist Euch fremd.
Das Hemmungslose hat Euch überschwemmt
Und Ihr vergeht in neuen High-Tech-Beben!

Besser oder gut?

Allen soll es besser gehen!

Was für einem Götzen
bereitet Ihr die Bahn?

Allen soll es besser gehen!

Wollt Ihr Euch verletzen mit
Eurem Wohlstandswucherwahn

Allen soll es besser gehen!

Merkt Ihr nicht, was Euch verführt?
Es reicht doch, wenn Ihr propagiert:

Allen soll es einfach nur,
auf der eigenen Lebensspur,
gut, nicht besser gehen!

Crashendo

„Der Mensch ist
für die Wirtschaft da!"
so glaubte man es Jahr für Jahr.
„Er lebt auch nicht vom Brot allein!
Es muss schon häufig Kuchen sein!"

So blüht ein Wohlstands-Wucher-Wahn!
Die Wirtschaft treibt auf eine Bahn
von stetig steigendem Profit.

Die Menschen
kommen kaum noch mit
beim Arbeiten und Konsumieren.
Es geht den meisten an die Nieren,
an Herz und Darm, oft auch an alle.

Und bald schon sitzt man in der Falle
von dem, was man zu lang` geglaubt,
von dem, was man sich noch erlaubt.
von dem, womit man sich beraubt.

Am Ende wird es offenbar:
Die Wirtschaft ist für Menschen da!
(Nicht umgekehrt!!! Ist das jetzt klar???)

Das Maß der Mitte ist verloren!

Im Überfluss gedeiht das Maß
ausufernder Maßlosigkeit.
Überall treibt Fastfood-Fraß
in die Beschleunigung der Zeit.

Das Maß der Mitte ist verloren!
Die Pole sind nicht mehr im Lot!
Was schützen soll, wird tot geboren!
Der Untergang uns allen droht!

Wenn wir nicht schleunigst innehalten,
gewahren, was wir anrichten mit
unserem Welt- + Selbst-Zerspalten,
in Umkehr-Einsicht uns durchlichten:

Damit wir endlich zugestehen:
Mit Kahlfraßwohlstandswucherwahn
kann/darf es nicht mehr weitergehen!
Er reißt uns auf die Abgrund-Bahn!

Der sterbende Baum

Er schreit in seinem Sterben stumm,
klagt an, verwelkend, die Verschmutzung
von Erde, Wasser, Luft und Regen,
büßt völlig schuldlos für den Segen,
den verkehrten Lebensstandard
der verdrehten Menschen-Art,
für den Segen, der in Wahrheit
Unheil ist, ab-grund-ge-weiht.

Und er leidet bis zum Ende,
die Entlaubung ist die Spende,
die er uns noch schenken
kann als Erinnerung daran,
dass wir alle büßen werden,
wenn wir weiter so auf Erden
uns im Wohlstandswucherwahn
blind und ausufernd gebärden.

Früher spendete er Schatten
und Erholung beim Ermatten,
Wohlgeruch und gute Luft. Sein
stilles, stummes Sterben ruft
denen zu, die hören können,
sich als Lebensziel zu gönnen
einen lebenswerten Standard
nicht-wuchernder Lebens-Art.

Der Wucherwahn

Und sonnen
sich in seinem Geiste,
und eifern sich beständig matt,
und wuchern um das Allermeiste,
bis er sie ganz durchdrungen hat.

Und wenn er Zinsen trägt am Zellkern,
erschrickt sie jenes Kapital, das sie
woanders doch so gern ersehnt,
erstrebt so manches Mal.

Dem Gegenzauber trauen sie
die Tilgung jenes Mehrwerts an,
erdrosseln sich fast mit Chemie
und bleiben doch im Wucherwahn.

Destruktives Joch

Wir sind dem Abgrund etwas näher,
der schon so lange vor uns gähnt.
Das Leben wird für viele zäher!

Wer sich jetzt noch im Sicheren wähnt,
der wird sich wundern, wenn er fällt.

Wenn ihm die traute Welt zerbricht,
der Kahlfraßwohlstandswucherwahn
auch ihn verschluckt auf seiner Bahn
ins pro-fi-tab-le schwar-ze Loch.

Es warnen lange schon die Seher
als überhörte Eckensteher
vor diesem destruktiven Joch.

Die falsche Energiedebatte

Die ganze Energiedebatte
krankt heut` am Wohlstandswucherwahn.

Ihr hängt sie viel zu hoch, die Latte
des Energieverbrauchs. Der Plan
zukünftigen Bedarfs geht aus
von unserer Verschwendungssucht.

Bedroht zeigt sich das Weltenhaus!
Wie bremsen wir des Schlages Wucht?

Die Antwort scheint mir sonnenklar:
Die Frage, sie ist falsch gestellt!

Zum Leben in der EINEN WELT
gehört - das ist ganz offenbar -
das Leben original zu wagen
in seiner Liebenswürdigkeit
und dann nach Energie zu fragen,
die man verbraucht in jener Zeit,
das Leben lebenswert zu leben.

Die Katastrophe herbeigefressen

Schon seit Jahrzehnten schrillt die Glocke
des Alarms auf höchster Stufe und
ruft entsetzt die Schlummernden
in ihrer Traum-Versessenheit
aus bleierner Bequemlichkeit:
Erwacht und schmeckt die
Katastrophe, die, selbstvergessen,
Ihr herbei gelebt mit Eurer Gier.
Sie zeigt sich schon und offenbart,
welch` einen Lohn Ihr Euch so hart
errungen habt mit Eurem AUS-
erwählten EIN-Bahnlebensstil,
der viel zu viel von Allem will
und viel zu wenig Allem gibt.
Wenn Ihr nicht bald erwacht
und Eure Träume hinterfragt
vom unbegrenzten Einbahn-
leben, ist es vielleicht zu spät,
dann kracht das Selbst-er-dach-te
und jagt Euch ins gekreuzte Überleben.
Es treibt mit Euch denselben Spott,
den Ihr jahrzehntelang getrieben
im selbstzerstörerischen Trott.

Schon seit Jahrzehnten schrillt
die Glocke des Alarms auf höchster
Stufe und ruft entsetzt Euch Schlem-
mende in Eurer Traumversessenheit
aus bleierner Gefrässigkeit: Erwacht
und schmeckt die Katastrophe,
die - selbstvergessen - Ihr
herbeigefressen habt
mit Eurer
Gier.

Die Not der Reichen

Sich ein Auto heut` zu leisten,
ist kein großes Unterfangen.
Viel schwerer ist es für die meisten,
einen Parkplatz zu erlangen.

Sich `nen Urlaub heut` zu leisten,
ist kein großes Unterfangen.
Viel schwerer ist es für die meisten,
dort Erholung zu erlangen.

Sich die Wünsche heut` zu leisten,
ist kein großes Unterfangen.
Viel schwerer ist es für die meisten,
auch Erfüllung zu erlangen.

Den Umweltschutz heut` zu erreichen,
ist ein großes Unterfangen.
Kaum erträglich scheint`s den Reichen,
ihn auch wirklich zu erlangen.

Die sechste Kokosnuss

Die
sechste
Kokosnuss, sie bringt
das gierversessene Affenwesen
fast zur Verzweiflung, denn es ringt
vergeblich, diese aufzulesen.

Je eine Nuss in seinen Pfoten,
die fünfte noch im Maul verzahnt,
wird uns ein Schauspiel dargeboten,
das an die Grenzen uns gemahnt:

Die Grenzen der Begehrlichkeit,
die uns, wenn wir sie noch beachten,
den Wohlstandswucherwahn entmachten.

Beachten wir sie nicht im Streit
um noch mehr Lebensqualität,
ist es für diese bald zu spät.

Wie jede sechste Kokosnuss
den Affen in Psychosen treibt,
verzweifeln wir im Lebensfluss,
wenn uns zu viel zum Leben bleibt.

Euer Gott heißt Überfluss

Selbstverstrickt im Übermaß
Eurer Mittelmäßigkeit!
Hauptsache nur Spaß, nur Spaß
für die eigene Lebenszeit!

Ausverkauf vor Ladenschluss!
Schon hyperaktiv ausgelaugt?
Euer Gott heißt Überfluss!
Wozu der denn wohl noch taugt?

Fast-Food-Fraß als Lebenssinn!
Ist das Euer Hauptgewinn?
Und er frisst als Überdruss Euch
nieder bis zum Lebensschluss!

Fichten-Gleichnis oder: Befreiter leben!

Ich saß im Wald auf einer Bank,
genoss die würzige Natur.
Und es erfüllte mich ein Dank,
es streichelte mich LEBEN - PUR.

Da sah ich rechts den Fichtenwald,
gepflanzt als Mono-Holz-Kultur.
Ein Schauder überfiel mich kalt,
ein Gleichnis-Schrecken mich durchfuhr.

Der hochmodern(d)e Lebensstil
stand gleichnishaft vor meinen Augen:
Uns für Profite auszulaugen
als tödliches Gesellschaftsspiel!

Die Fichten überlebten nur
durch Wettkampf um die Höhenluft.
Die Kronen ragten aus der Gruft
der abgestorb`nen Astkultur.

Der-Höher-Größer-Schneller-Wahn
verführt uns in den falschen Traum,
verwuchert uns den Lebensraum:
Wir enden auf der Todesbahn!

Die Fichten haben nur die Qual,
verkümmert möglichst hoch zu streben.
Doch uns bleibt immer noch die Wahl:
Wir soll(t)en, könn(t)en, dürf(t)en auch,
wenn wir es woll`n:
Befreiter leben!

Frohes Fest!

Gleich wünscht er mir ein frohes Fest,
wie nebenbei, mechanisch nur.
Des Wunsches Mitte unterlässt
er bei der Weihnachtswünschetour.

In meinen Ohren klingt`s wie: Fresst!
Und damit trifft er ja den Kern.
Was tun wir denn beim Weihnachtsfest?
Wir feiern einen fremden Stern:

Der Kahlfrass-Wohlstands-Wucherwahn
beschenkt uns mit dem Todesbrot,
das uns auf unserer Lebensbahn
schon bald Erstickungstod androht.

Gescheitert

Seufzer eines
müden geplagten
Abendländers im Anblick
der sich langsam und stetig
nähernden ökologischen Katastrophe:

„So gescheit - und doch gescheitert!"

Erstaunter Ausruf eines verarmten Morgenländers
beim Anblick des müden geplagten Abendländers:

*„Der ist nicht ganz gescheit, der im Scheitern
nicht gescheit wird!"*

Gieraffen

Denn sind
wir nicht, im Gleichnis,
wie Giraffen, nur das der Hals
uns länger wird vor Überheblichkeit,
der Kopf uns explodiert vor lauter Daten?

Und wir versinken in der Gier
nach dem globalen Kahlfraß und
nach Verlöschen im Vergnüglichen.

Was, wenn die Welt zerfressen ist,
enteignet ihrer nährenden,
gewährenden Verläßlichkeit?

Von Daten lässt sich schwerlich überleben!
Darum, kehrt um, Ihr menschlichen Gieraffen!

Schrumpft Euch gesund ins Menschenmaß
der in uns angelegten Kreuz-Plus-Gestalt!
Und einigt Euch, die Welt in ihrer weiteren
Entwicklung humaner mitzuschaffen!

Glanz-Gier

In Deiner Gier nach Glänzen-Wollen,
im Wettstreit mit den Glanz-
verblendern, kannst Du
DIR-SELBST
Respekt
nicht
zol-
len,
ver-
lebst
Dich
nur an
Deinen
Rändern.

Das Leuchtende
in Deinem WESEN suchst
Du mit Macht in Schach zu halten.
Im Inn`ren lässt Du es verwesen.
Es soll sich außen nicht entfalten.

Wann bricht dies` ungesunde Treiben
zusammen, welche Krankheit muss
Dich heimsuchen im Lebensfluss
und Wahngetrübtes Dir zerreiben,
damit Du Dich noch leuchten lässt
nachdem Dich Glanzgier ausgepresst?

Haltungsfehler

Welche Schläge wirst Du Dir mit
Deiner Haltung noch einhandeln?
Welche Risse im Visier werden
Dir den Blick verwandeln,

Deine selbstverliebte Blendung
zu durchschauen als die Schändung,
die Dir Deinen KERN zerspaltet
und DICH-unter-Dir verwaltet
im gesicherten Gehege Deiner
Selbst -Ver-ständ-lich-kei-ten,
die Dir dauernd unterbreiten:

Deine Sichten, Deine Wege
sind die Klar-Gesichtigen, und
deshalb die Einzig-Wahren
und die Ewig-Richtigen!

Ich habe
LEBEN PUR
gespürt

Es ödet mich entsetzlich an,
das Leben, das Ihr heute führt.
Doch ich entziehe mich dem Bann,
weil ich so nicht mehr leben kann:

L
E
B
E
Ich habe **L E B E N** **P U R** gespürt!
P
U
R

Im Lichte dessen, was ich sah,
ist Euer Leben trüb und leer.
Mit allen Sinnen nahm ich`s wahr:
Ihr blendet Euch nur Jahr um Jahr
und fügt Euch ohne Gegenwehr!

Der Wohlstands-Wucher-Wahn erblüht
in Euren Köpfen, Bäuchen, Herzen.
Ihr seid um ihn so sehr bemüht,
dass Ihr in seinem Rachen glüht
in von Euch selbst erzeugten Schmerzen.

Immer mehr!?

Immer reicher durch mehr und noch mehr Geld!
Immer ärmer an dem, was trägt und hält!

Immer wichtiger bei dem, was man gestellt!
Immer nichtiger, wer sich so zugesellt!

Immer tüchtiger als angepriesener Held!
Immer flüchtiger in dem, was noch gefällt!

*Immer süchtiger! Ach, wie verprellt und
auch entstellt Du Dich doch fühlst
in Deiner Welt!*

In der Hektik hausen

Diese feinen Wohlstands-Christen
sind noch nicht `mal in der Lage,
Drei-Minuten-Schweigefristen
ein-zu-hal-ten ohne Klage.

Hüs-
telnd pro-
testieren
sie
auch
bei kurzen
Schweigepausen,
fürchten Stille-Energie,
weil sie in der Hektik hausen.

Wie woll`n sie die Mitte finden,
die aus tiefem Schweigen quillt,
wenn sie sich nicht daran binden,
was sie nur im Schweigen stillt,
wenn sie sich nicht überwinden
hin zu dem, was schweigend gilt.

In LASSING Euer Leben lassen?!

Und dafür musstet Ihr nun sterben!
Der Grund, er wurde jetzt bekannt:
Wie Eure Firma sich auch wand:
Sie stürzte Euch in das Verderben!

Der illegale Talkum-Abbau,
genehmigt durch die Grubenleitung,
war schuld am Katastrophen-Gau!
So steht es heute in der Zeitung!

Und dafür musstet Ihr krepieren!
Für jene Gier nach mehr Profit!
Für unseren Gesellschaftskitt,
auf den nicht nur die Reichen stieren!

Und dafür Euer Leben lassen?!
Ich kann es immer noch nicht fassen!

Für die zehn tödlich verunglückten Bergleute
in der Talkum-Grube in LASSING/Österreich
nachdem der illegale Talkum-Abbau, der zur
Katastrophe führte, bekannt wurde!

Klima-Feedback

Die

Na†ur

schläg† zurück!

Auf en†hemm† und ausgebeu†e†

folg† überschwemm† und ausgebeu†el†!

(Zur „Jahrhundertflut" im August 2002)

Lautlos digital umgarnt

Analytisch gesäuberte,

quadratisch verzauberte,

keimfrei gezähmte,

leibgelähmte

Köpflinge

umgarnen uns

lustvoll lautlos digital,

erlahmen uns lärmend,

entrahmen uns und

preisen sich,

rahmlos

schamlos, als

Garanten einer

glücklicheren Zukunft.

Maßlos vermessen

Maßlos vermessen, ja, heillos besessen
sind wir emsig am Werke,
unseren Planeten
ungebeten
auszu-
pres-
sen,
kahl-
zu-
fres-
sen
und zu
zertreten,
rücksichtslos
ihn zu verwohnen,
ohne uns zu verschonen,
so dass künftige Generationen
ein Überleben, ein jeder gegen jeden,
ererben und darin, unsere Gier und Zer-
störung verfluchend, qualvoll verderben.

Modern Talk

Tock - Tock -
Tock - Tock - TALK!

Ein moderner Hühnerstall!

MUNTER-GANG

Die
Welt
geht unter,
doch Ihr lebt
munter darüber
hinweg! Nun,
welchen Zweck
hat Eure abge-
drehte Flucht
in manche
aufgeblähte
Sucht?

Sucht
lieber den
geschundenen
Planeten noch
zu retten!

Nicht mehr-

heitsfä-

hig!

Die

Verhinderung

der Klimakatastrophe ist höchst

wahr-

schein-

lich nicht

mehrheitsfähig!

Parasit oder: **Was lehrt uns eine Zecke?**

Was lehrt uns eine Zecke,
die für uns nur als Parasit
in unserer Blickfeld tritt?

Nach der erfolgten Landung dringt
die Zecke langsam ganzheitlich,
den Kopf voran, in Kreisen sich
bewegend, kaum einen Schmerz
erregend, in das Gewebe des
fremden Nahrungsspenders ein.

Und so erreicht sie häufig leicht
die eigene Mast an fremdem Blut
ganz ohne Hast. Doch ist sie nun
gesättigt, ruht sie sich aus
von ihrem aggressiven Tun.

Die Zecke raubt nur, was sie braucht,
im Gegensatz zu unserer Hatz
auf alles, was jenseits vom Nähren
wir noch vermehren wollen,
um es bedenkenlos und ohne Rücksicht
auf die Folgen zusätzlich zu verzehren.

Schon aus dem Tritt, da frag` ich mich,
wer ist denn hier nun eigentlich
ein wahrer Parasit?

Uns treibt ein unseliges Tun,
uns alles, alles auszubeuten,
für unseren Wohlstand rigoros
uns alles auch zu häuten,
uns alles, alles hohl zu bluten,
bis in den selbst entfachten Gluten,
den von uns selbst erzeugten Fluten,
wir uns den Untergang zumuten.

Ganz aus dem Tritt, da frag` ich mich,
wer lebt denn hier nun eigentlich
als echter Parasit?

Wollt` Ihr dem Untergang entgehen,
müsst Ihr als Dauerparasiten
die Zecken-ART genau verstehen:
Die Zecke saugt nur soviel Blut,
wie es zum Leben ihr gut tut.
Danach, da ruht sie sich nur aus!

Ob Ihr erfasst in Eurer unbegrenzten Hast,
dass nur ein solches Handeln passt,
wollt` Ihr als selbstgekrönte
Parasiten überleben?

Pluendern

Zur

Kindheit schon

verwundet durch den Plunder,

zerplündern sie betäubt ihr Lebenswunder.

Verwundern sich nicht, dass die Selbstbetörung

sie immer tiefer treibt in die

Zerstörung.

Positives Denken?

Es

nennt sich

positives Denken

und denkt doch

gar nicht positiv!

Sein nivellierendes

Verrenken führt letztlich nur ins Lebenstief!

Die Spannung, die im Gegensatz sich zeigt, wird schleunigst weggedacht.

Die Mitte der Vereinigung von Gegensätzen wird verlacht.

Doch nur aus jener Mitte quillt das Gegensatz-Vereinte-Plus,

kein positiv gefärbtes Minus, mit dem sich

jenes Denken stillt,

das sich das

positive nennt

und sich doch

selber nur verrennt,

ganz positiv im Negativen.

Rettungslosgierig

Mit der gleichen Gier wie Ihr

Euren Lebensraum zerfresst,

mit der gleichen Gier sucht Ihr

ihn zu retten. Ihr vergesst,

dass die Gier das Übel ist.

Der müsst Ihr zu Leibe rücken,

wollt Ihr Euch nicht selbst erdrücken

vor der noch gewährten Frist

vom

bläulichen

zum

gräulichen Planeten.

Sich-Kehren

Wer sich hinkehrt zur verkehrten
Lebensweise, kehrt sich ab
von aller Umkehr hin zum
aufrichtenden Leben.

Soviel gelogen (Lied) *

Refr.: Soviel gelogen, soviel geschleimt!
Soviel betrogen, solang` es sich nur reimt!
Nur noch der Vorteil ist allein was zählt,
und so was wird auch noch gewählt,
und so was wird auch noch gewählt.

1. Ihr hört nun die Geschichte vom kleinen Funktionär.
Was ich Euch hier berichte, wiegt immer wieder schwer.
Egal, wie hoch die Kosten, der Aufstieg ist sein Ziel.
Die Gier nach neuen Posten formt seinen Umgangsstil.

2. Als wohldosierter Blender mit Lügen und mit Fleiß
erstrebt er seinen Aufstieg und zwar um jeden Preis.
Mit List und ohne Skrupel gegen jeden, der ihn stört,
erkämpft er sich die Bahn frei, getrieben und betört.

3. Er flattert wie die Fahne stets nach dem Mehrheitswind
und ändert seine Meinung, wenn`s günstig ist, geschwind.
Was er gestern noch vertreten, verleugnet er heut` schnell.
Karriere stets zu sichern, das ist ihm Lebensquell.

4. Es geht nur um ihn selber, die Sache ist egal!
Er strebt nach größtem Einfluss, stellt sich geschickt zur Wahl.
Lässt Freunde einfach fallen, die aufrecht zu ihm steh`n,
falls es ihn noch weiterbringt, kann er über Leichen geh`n.

5. Es gibt zu viel von denen, von Gier nach Macht verhunzt.
Seid Euch bewusst, so manchem schenkt Ihr noch Eure Gunst.
In hohe Positionen habt Ihr sie einst gewählt,
Entscheidet Euch, dass ihre Tage bald gezählt.

Soviel gelogen

Text+Musik
Lasse Los

1.Ihr hört nun die Ge - schich - te vom klei - nen Funk - tio -
när. Was ich Euch hier be - rich - te, wiegt im - mer wie - der
schwer. E - gal, wie hoch die Kos - ten, der Auf - stieg ist sein
Ziel. Die Gier nach neu - en Pos - ten formt sei - nen Um - gangs-
stil. Refr.:So - viel ge - lo - gen!
So - viel ge - schleimt! So - viel be - tro - o - gen, so -
lang es si-ich nur reimt! Nur noch der Vor - teil
ist al - lein, was zählt! Und so was wird auch noch ge-wählt!

1. A   2. E   D   A   E

Und wählt!

Statt weitender Lebendigkeit

Schau an, im dunklen Fichtenwald
drei Fichten, die zu eng gepflanzt,
in ihren Ästen fest verkrallt,
als hätten sie sich dort verschanzt.

Und alle drei sind abgestorben!
Nicht eine hat es überlebt!
Die Enge hat um Tod geworben,
der früh schon an Verengung klebt.

Profitgier ist der Grund dafür,
dass diese Fichten vor der Zeit
ersterben mussten im Revier.

Nimm es als Gleichnis für das Leid:
Wie wir mit Gier uns selber quälen
und voreilig den Tod uns wählen.

Straenge

Wer immer nur über die Stränge
schlägt, sein Leben bloß verwischt
verlebt, für den ist Klarheit
zu große Strenge.
Und
er flieht
weiter, schlägt
über die Stränge, bis
er sich selber stranguliert.

Symbol-Glauben

Wer an
Symbole glaubt,
erkrankt an Symbolie!

Tolleranzig

Wer alles ak-zeptiert,
auch jede Intoleranz,
ist tol(l)eranzig!

Und starb
in seinem
Luxus-
grab

Und
im Traum
spiegelte mich
der Lebensbaum,
erkrankt wie ich
am Wahn der Gier
nach mehr und mehr
Absicherung und
Mächtigkeit als
Lebenswehr.
Und ganz
durchdrungen
davon dickte er
sich seine Rinde
auf zu einem
größeren
Schutz.

Und so
erdrückte er, sich selbst
erwürgend, seine Lebendigkeit
als Lebensbaum. Und stark
gesichert starb er in
seinem Luxus-
grab.

Unheilszeichen

Text+Musik
Lasse Los

Schon er-rei-chen uns die Zei-chen ei-ner schlim-men Wand-lungs-tour und ver-kün-den uns die Sün-den uns-rer Wu-cher-Wahn-Kul-tur: Die Be-dro-hung und Ver-ro-hung auf maß-lo-ser Ka-hl-fraß-Spur. Doch die Zei-chen, sie wer-den wei-chen und das Un-heil es kommt pur. Wenn wir uns nicht bald um-wen-den, wird der Pla-net bru-tal ver-en-den in ei-ner selbst-ge-wähl-ten Un-ter-gangs-tor-tur, in ei-ner selbst-ge-wähl-ten Un-ter-gangs-tor-tur, in ei-ner selbst-ge-wähl-ten Un-ter-gangs-tor-tur.

Unheilszeichen *

Schon erreichen uns die Zeichen
einer schlimmen Wandlungstour
und verkünden uns die Sünden
unsrer Wucher-Wahn-Kultur:
Die Bedrohung und Verrohung
auf maßloser Kahlfraß-Spur!

Doch die Zeichen,
sie werden weichen,
und das Unheil, es kommt pur.
Wenn wir uns nicht bald umwenden,
wird der Planet brutal verenden
in einer selbstgewählten Untergangstortur.

Unsere Zukunft

Unsere Zukunft?

Mit viel Lärm aus dem Gedärm
des Globus unverziehen ausgespieen?

Unsere Zukunft!

Fazit erster fehlgeschlagener
anthropoider Evolution!

Unsere Zukunft!?

Versch(w)endung

Was wird sich alles noch entbinden
in der uns unbekannten Zukunft?
Was werden wir den(n) noch erfinden
im Wettlauf gegen die Vernunft?

Was wird im Ringen wirklich siegen:
die Einsicht oder unser Gier`n?
Ist uns bewusst, was wir verlier`n,
wenn wir uns heute einfach fügen?
Dem Trend, der morgen uns zerstört!

Was nützt uns unser Selbstbetrug,
gespeist durch unseren Selbstbezug?

Zu lange schon sind wir betört,
die Welt nach unserem eig`nen Plan
im fortgeschritt`nen Wucherwahn
uns auszubeuten in Verblendung
allein für unsere eigene
Ver[sch](w)endung.

Ver-
Globalisierung

Vor der größten Sturmflut
im sterbenden Jahrtausend
werden alle Schutzdeiche
eingerissen und planiert.

Ungebremst flutet nun
Geld in Strömen, globusweit.
Denn es locken, ohne Scham,
schon die hö-he-ren Pro-fi-te.

Ist der Boden gelddurchtränkt,
blüht der Wohlstands-Wucher-
wahn, feiert seine Todes-Feten.

Und für alle Sturmschäden
haften die Gefluteten.

Vollendung der Verblendung

Die
Verpfändung
und die Schändung
des Humanen:
Die Vollendung der Verschwendung,
lässt sie ahnen,
wie wir
in der
Wende zur
Verblendung
uns verwahnen?

Vulkantänze

Wir tanzen längst auf dem Vulkan,
vollführen unsere Habgiertänze
im Kahlfraß-Wohlstands-Wucher-Wahn
schon auf der endgültigen Grenze.

Wann bricht es aus, das inn`re Feuer,
verbrennt das wuchernde Geschwür,
stoppt unheilschwang`res Abenteuer,
den Einbruch durch verbot`ne Tür

in die bisher verschloss`nen Breiten,
auf angemasstem Macherthron
mit seinsvergess`ner Präzision,
den Untergang uns zu bereiten.

Westlicher Lebenswahn

Und Leben ist nur mangelhaft,
dem, der es sich als Mangel schafft,
an diesem Mangel heftig haftet -
und das als Mangel nicht verkraftet!

Und nun noch schlimm`ren Mangel spürt,
deshalb die Lehre propagiert:
Ein Leben in solch` Mangelhaft
gehört am besten abgeschafft!

Und er bricht auf! Ihm muss gelingen,
jedweden Mangel zu bezwingen!
Je mehr er hat, je mehr er will!
Gehorsam beugt er sich dem Drill!

Und hält solange sich auf Trab,
bis ihn erlöst sein kühles Grab:
Die endgültige Mangelhaft,
die NUN-wohl jeden Mangel schafft!

Zeitgeist - Motto

Jetzt
geh`n wir
wieder
Sack-Gassi

B. Was der Fall sein könnte:

Fallstricke fallen

... als sei die Zukunft offen!

Jetzt rede ich -
und Ihr habt zuzuhören!
Ich
mach`
nicht mit
bei Eurem
Selbst-
be-
t
ö
r
e
n
!

Ihr
tut
ja so,
als sei die
Zukunft offen!
Seid Ihr nicht klar?
Seid Ihr vielleicht besoffen?

Wie heißt der Zaubertrank,
den Ihr Euch
braut,
um
nicht
zu sehen,
wie abgrundtief verbaut
die Zukunft
ist?

An die Nachgeborenen

Text+Musik
Lasse Los

Refr.: Ihr, die Ihr Nach - ge - bor - `ne seid, Ihr wer-det es uns

nicht ver - zei-hen, dass wir in Gier - ver - go - ren-heit uns

aus-ge-lebt mit Wu-che-rei - en. Wu-che-rei - en. 1. Dem
2. Ich
3. Ich

Kahl-fraß-Wohl-stands - Wu - cher-wahn, dem wir er-bar-mungs-los uns

weih-ten ver - dankt Ihr Eu - re Lei-dens - bahn.

Wir leb-ten noch in fet - ten Zei - ten!

Ihr müsst die ma - ge - ren Euch tei - len, die

wir für Euch her - auf-be - schwor`n, als wir in Kahl-Fraß -

gier ver - gor`n. Welch` Schick-sal wird Euch wohl er -

ei - len? *(2. Ich)* wünsch - te, je - ne

hät - ten recht, die glau-ben, dass die Men-schen - welt im

ö - ko - lo - gi - schen Ge - fecht, das Euch den Ho - ri -

zont ver - stellt, zu ret - ten sei! Um wel - chen Preis? Um

wel-chen Preis zu ret - ten sei? Prog - no - sen a - lar -

mier`n schon lan-ge! Hör` ich auf sie, wird mir so

ban - ge!

An die Nachgeborenen (Lied) *

Refr.:   Ihr, die Ihr Nachgebor`ne seid,
         Ihr werdet es uns nicht verzeihen,
         dass wir in Giervergorenheit
         uns ausgelebt mit Wuchereien.

1.   Dem Kahlfraß-Wohlstands-Wucher-Wahn,
         dem wir erbarmungslos uns weihten,
         verdankt Ihr Eure Leidensbahn.
         Wir lebten noch in fetten Zeiten!
         Ihr müsst die mageren Euch teilen,
         die wir für Euch heraufbeschwor`n,
         als wir in Kahl-Fraß-Gier vergor`n.
         Welch` Schicksal wird Euch wohl ereilen?

2.   Ich wünschte, jene hätten Recht,
         die glauben, dass die Menschenwelt
         im ö-ko-lo-gi-schen Ge-fecht,
         das Euch den Horizont verstellt,
         zu retten sei! Um welchen Preis?
         Um welchen Preis zu retten sei?
         Prognosen alarmier`n schon lange!
         Hör` ich auf sie, wird mir so bange!

3.   Ich protestier`, auch wenn ich weiß,
         dass ich nicht viel erreichen kann.
         Ich wehr` ihn ab, den Wucherbann,
         entzieh` mich seinem Teufelskreis.
         Ich leb` schon nachhaltig und warte
         die Mitwelt und auch die Natur
         und werbe für die Umkehr-Kur,
         die uns den Niedergang ersparte.

Aus dem Tritt!

Ich mache einfach nicht mehr mit
bei jenem Wahnsinn, der Euch treibt.

Ich halte einfach nicht mehr Schritt
mit dem, was Euch stets einverleibt.

Ich komme fröhlich aus dem Tritt,
dem Ihr beschleunigt Euch verschreibt.

Ich mache einfach nicht mehr mit.
Ich halte nicht mehr mit Euch Schritt.

Ich folg` nicht Eurem Todesritt
ins Wohlstands-Wucher-
Wahn-Verleb-
te!

Aus dem
Wucherwahn
befreien

Wenn Menschen
sich im Wucherwahn verleben,
und Du greifst ihre Lebensweise an,
dann werden sie noch stärker danach streben,
sich fester zu verschließen in ihrem Bann.

Willst Du sie aus dem Wucherwahn befrei`n,
musst Du in ihren Dunkelheiten singen.
Ins Auflichtende musst Du sie einweih`n,
bis sie sich selbst dem Finsteren entringen.

Auswurf-Zeichen

Große Menschen-Welt-Entwürfe
werfen Fragen auf und ab.
Was ist ihnen vorzuwerfen?

Entwirf` uns Deine Vorwürfe
gegen allzu vorschnelle,
absolute Welt-Entwürfe.

Zeig` uns die Verwerfungen
konkret verwürglichter Entwürfe
der EINEN-WELT, in denen wir
nur noch der Auswurf selber sind.

Große Menschen-Welt-Entwürfe
werfen Fragen auf und ab.
Was ist ihnen vorzuwerfen?

Wie sollen wir uns gegenschärfen?
Achten wir auf ihre Auswurfzeichen!

Blickwandel

Taugt
er
noch,
der hart
gesottene
Röntgenblick,
modisch gestylt,
diamant geschliffen
in vielen Kämpfen,
messerscharf
schneidend,
ätzend,
verletzend,
lebenswürgender
Herrscherblick mit
dem Willen zur
Griffigkeit des
Unverfüg-
baren?

Taut
er nun,
weicht er sich,
wird er getaucht,
getauft,   gewandelt,
geadelt im weißen Licht
aufrichtigen Umkehrblickes,
geläutert für ein Wandeln
im   achtsamen   Staunen
und Gewahren dessen,
worum es eigent-
lich geht?

(Die Frage, worum es eigentlich geht,
wird in „Lasse Los: Worum geht es eigentlich?"
BoD, Norderstedt 2020 mit Gleichnisgedichten umkreist)

Datenmäßig nicht erfaßbar

Alle Daten, die ein Rechner
von mir fassen könnte,
interessieren Dich,
und so kommst Du mir
sichtlich nahe und erschrickst,
weil ich Dich in dem berühre,
was mich, datenmäßig, nicht erfasst
und mich doch aus- und aufmacht, eigentlich.

Dem Gier-System
die Stecker
zieh`n

Wir können dem
System die Stecker ziehen,
damit es uns nicht weiterhin befällt
wie ein Seuche, in der wir vergehen
in jener ungeheuren Gier nach Geld.

Dem Zerstören Dich verwehren

Lass Dich jetzt empören
vom Rund-um-Zerstören,
Dem Du Dich gewidmet hast.

Lausch` auf Dein Gewissen,
das Du treu beschissen, bei
allem, was Dir nicht gepasst.

Lass Dich nicht betören,
beginn` jetzt hin-zu-hö-ren,
auf das, was Du gemieden hast.

Stell` denen, die zerstören,
Dich entgegen, ihrem Röhren
leiste mutig Widerstand.

Lass Dich von denen nicht beschwören,
sie wollen Dich nur neu betören!
Sei ihnen nie mehr wahlverwandt!

Des LEBENS ART

Du, weigere Dich nicht, zu tauen!
Das LEBEN wird Dir die Vereisung
ansonsten schon sehr bald zerkauen!

ES wird Dir Deine Selbsteinkreisung
in seiner LEBENSART durchkreuzen:
Das Spektrum Deiner Möglichkeiten
wird ES Dir breitwandiger spreizen.

Um Dir in den verbliebenen Zeiten
die Chance endlich einzuräumen,
dem LEBEN fließend zu begegnen,
um ES vereist nicht zu verträumen.

Dich
in Freude
neu finden.

Spaßbegierig rumlungern,
doch im Kern nach Freude hungern:
Denn nur Freude wandelt Dir die
unersättliche Gier nach dem
leeren Mehr und Mehr
bei erstrebten Spaßverzehr
in den Antrieb, Dich zu binden,
Dich in Freude neu zu finden.

Die Fall-in-den-Abfall-Hoffnungsbremse

Wenn viel Einfall unsere Abfall-
absichten durchkreuzt
und den Fall
in den Abfall bremst
und zur Einkehr uns bereitet,
leuchtet noch mal Hoffnung mir
auf die Einsicht in die Umkehr.

Die Krise überwinden

Wir
müssen
unsere Krise überwinden,
indem wir uns auf neuer Stufe finden,
und nicht versuchen, sie zu unterbinden,
indem wir ignorant sie unterwinden,
uns einsam leidend
mit den Folgen schinden,
bis wir dabei verholzen und entrinden,
am Ende uns nur noch an Trennung binden
und aus dem Leben der anderen verschwinden.

Eilsüchtige Peinigung

Nachdem wir klärende Bewusstheit
von G O T T und Götze nun verloren,
verschreiben wir uns ganz der Zeit,
die wir zum Götzen auserkoren.

Anbeten das Paradigma
endgültiger Beschleunigung.
In den Gesichtern prangt das Stigma
der eilsüchtigen Peinigung.

Wir müssen schleunigst innehalten,
gewahren, wem wir uns da weih`n:
Heißt Menschsein denn nicht auch gedeih`n,
sich mit der Technik selbst entfalten,
und nicht die Technik zu vergötzen,
sich in den Seelentod zu hetzen
im Dienste ihrer „Göttlichkeit"?

Er-
neut
sich spit-
zen lassen!

Ein
stumpfer Stift,
er schreibt nicht
mehr so konturiert,
verwischt zu sehr
die Unterschiede.
Er muss erneut
sich spitzen lassen!

Es könnte doch sein (Lied) *

Refr.: Es könnte doch sein,
dass wir noch erwachen,
bevor wir das Unheil
endgültig entfachen.(2x)

1. Str.: Uns schleunigst besinnen,
wie wir ihm entrinnen,
dem Untergangsrachen,
in dem wir beginnen,
nicht nur im Machen
uns selbst zu gewinnen,
vielmehr durch Gewahren
uns Leiden ersparen.

Refr.: Es könnte doch sein, ...

2. Str.: Sind wir denn von Sinnen,
dass wir uns entrinnen
und flüchten, uns winden
im Untergangskünden,
anstatt uns zu binden
an jene Bewahrung
des Lebens als Nahrung
für neues Beginnen?

Refr.: Es könnte doch sein, …

Es könnte doch sein

Text+Musik
Lasse Los

Refr.: Es könn - te doch sein, dass wir noch er -
wa - chen, be - vor wir das Un - heil end - gül - tig ent -
fa - chen. Es könn - te doch sein, dass wir noch er -
wa - chen be - vor wir das Un-heil end - gül - tig ent -
fa - chen. 1. Uns schleu - nigst be - sin-nen, wie wir ihm ent -
rin - nen, dem Un - ter - gangs - ra - chen, in dem wir be -
gin - nen, nicht nur im Ma - chen uns selbst zu ge -
win-nen, viel - mehr durch Ge - wah - ren uns Lei - den er -
spa - - ren. Refr.: Es

Es kündigt uns der Warter

Ein System siegt sich zu Tode:
Unsere Wirtschaftsweise blüht!
Wucher-Wahn ist groß in Mode!

Doch am Horizont, da zieht
schon das Abendrot herauf,
kündigt uns die letzten Tage
im hybriden Lebenslauf.

Kündigt an die neue Frage:
Ist die Macher-Zeit dahin?
Haben sie sich übernommen?

Die Zeit der Warter ist gekommen!
Sie schenken uns den Neu-Beginn!
Der Hetz-Galopp wird bald zum Trab!
Sie warten uns und warten ab!

Falsches Streben sterben lassen

Was könnten wir doch
miteinander für ein Leben führen!

Wenn wir nicht so verblendet wären,
mit Blendung uns noch küren und
gegenseitig zieren würden, weil
wir im Tiefsten doch nur frieren
und uns im selbstgewählten Eis
nicht angewärmt und nicht
geborgen, auch nicht geliebt
erleben und so nach außen beben
vor Kälte und vor falschem Streben
im Sterbenlassen aller Schöpfung.

Wie wäre es, wenn wir die Kälte
fahren ließen und miteinander
warteten, bis uralt-neue Wärme
uns sprießen würde aus jenem
Ursprung allen Angenommenseins?

Was würden wir wohl miteinander
dann für ein Leben führen?

Fun-Tyrann

Der

denkbar

mächtigste Tyrann,

der Dich mit Wucht in seinen Bann

wohl immer wieder schlagen kann,

der bist Du selbst, suchst Du nur Fun

als Deines Lebens Haupt-Gewinn

und nicht auch ab und zu `mal Sinn.

Denn der nur schenkt Dir Neube-

ginn und Deinen originellen Ton,

dazu noch gratis jenen Lohn,

den Du bisher vergeblich Dir

mit Spaß, mehr Spaß

versuchtest zu

erringen.

Geistige Entgiftung

Der Heil-tee, den er immer schon
auch zur Ge-sund-er-hal-tung trinkt,
enthält ein Gift, ach, welch` ein Hohn,
das ihn in Krank-heit nieder zwingt.

Weil er nicht den Zu-sam-men-hang
durchschaut, in-ten-si-viert er blind
den Teekonsum.   Oh, wie er spinnt!
Er treibt sich in den Un-ter-gang!

So geht es uns mit unserem Denken.
Es hat uns sterbenskrank gemacht.
Und wir, wir haben stets gedacht,
wir könnten Leben mit
ihm lenken.

Er-
hören
wir die
Dissonanz im
denkenden Verrenken
und lassen uns im neuen Tanz
das heilende Präsent(-)sein schenken!

Hältst Du Dich an

Hältst Du Dich an
und bist präsent, beschleicht
von hinten Dich ein Schrecken.
In Klarsicht wird Dir evident,
wie Du Dich suchtest zu verstecken.

Hältst Du ihr stand und bleibst präsent
und schaust ihr duldend in die Augen,
wird Ab-ge-spal-te-nes transparent
in seiner Art, Dich auszulaugen.

Hältst Du es aus in der Präsenz,
durchlichtet sie das Schattenreich.
Und leuchtende Intelligenz ver-
eitelt jeden Schattenstreich.

Hochzivilisierte Lebensart?

Spürst Du nicht auch
schon jetzt den Pesthauch
des gegenwärtigen Zukünftigen,
des widerwärtig Unvernünftigen
hochzivilisierter Lebensart?

Nimmst Du nicht
auch schon in Gebrauch
das gegenwärtige Zukünftige,
das widerwärtig Unvernünftige
hochzivilisierter Lebensart?

Riechst Du nicht
auch schon jetzt den Rauch
des gegenwärtigen Zukünftigen,
des widerwärtig Unvernünftigen
der All-Verbrennung unserer Lebensart?

Hohe Zeit - Hoch-Zeit

Hohe Zeit ist`s, hinzuschauen
und mich aufrichtig zu stellen,
die Verblendung abzubauen,
meine Bilder aufzuhellen,
nach denen ich die Wirklichkeit
mir immer wieder zu-richte
in meiner Täuschungsherrlichkeit,
um-meiner-selbst darauf verzichte,
zu sehen, wer ICH-selber-BIN
im kosmischen Geschehen,
um endlich zu verstehen,
was ich ertrage als Gewinn:
Die Lasten, die mich wandeln,
verantwortlich zu handeln.

Im Präsentischen gebucht

Das Kleben im Vergangenen,

das Weben am Zukünftigen, es

ist im Hier-und-Jetzt nur Flucht,

wenn nicht das Hier-und-Jetzt

gebucht wird im Präsentischen,

wenn nicht die Gegenwärtigkeit

gesucht wird im konzentrischen

Bemühen um Vergangenheit

und Zukunft.

Klage der außer-
menschlichen Schöpfung

Ihr Menschen, Ihr Verwandten,
Ihr wes-tern-wärts Ver-wahn-ten.
Ihr habt die Erde uns verwohnt
und verwüstet. Ach, wann
verwehen Euere
Wahnideen,
allein zu sein
auf dem Planeten,
so dass Ihr es gewahrt:
Die Erde, die gewinnt Ihr
nur mit uns: O s tern w ä r t s.

(Siehe dazu auch Gedicht „Osternwärts" S. 79)

(Siehe dazu auch Gedicht „Osternwärts" S. 79)

Kontrollierter Absturz!? oder Kann es denn sein?

Kann es denn sein,
dass es zu spät zur Umkehr ist?
Ich wage den Gedanken kaum zu denken!
Ist sie vielleicht schon abgelaufen, unsere Frist,
den Irrweg der Zerstörung umzulenken?

Kann es denn sein,
dass wir im Absturz uns befinden,
den wir vielleicht noch kontrollieren können,
wenn wir uns zu ihm blendungsfrei bekennen,
und uns an seine Absturzregeln binden?

Kann es denn sein,
dass wir den Absturz nicht bemerken?
Ist seine Möglichkeit vielleicht nicht programmiert?
Kann es denn sein, dass wir uns so bestärken
mit dem, was in den Untergang verführt?

Ist unser Absturz nicht mehr abzuwenden,
weil wir im Fortschrittsglauben uns verwahnten,
und uns im Höhenflug total verplanten,
dann sollten wir ihn kontrolliert vollenden!

LEBEN im Leben

ES wird die Haltung Dir belichten.

ES wird Dir Deine Sichten richten.

Und ES wird Dich mit dem verdichten,

was in den tiefsten Seelen-

Schichten

ver-

sucht,

als Mensch

Dich auf-zu-richten.

L
E
L E B E N
E
N
im
Leben

ES wird die Haltung Dir belichten.

ES wird Dir Deine Sichten richten.

Und ES wird Dich mit dem verdichten,

was in den tiefsten Seelen-

schichten

ver-

sucht,

als Mensch

Dich auf-zu-richten.

LEBEN IST PRÄSENT

Die Quittung wird für uns schon ausgeschrieben!
Der Preis, den wir bezahlen, ist immens!
In unserer Gier sind wir schon abgetrieben!
Es zeigt sich uns des Wahnes Konsequenz!

Das Pendel schlägt zurück, um uns zu richten
mit den von uns erzeugten Energien.
Es hat die Kraft, uns alle zu vernichten,
wenn dem Zerstörungswahn wir uns nicht entzieh`n.

Was kann uns noch aus dieser Lage retten,
in die wir uns im Wucher-Wahn verbannt?
An welche Hoffnung können wir uns noch kletten,
nach dem wir uns im Aufwärtstrend verrannt?

Der Schlüssel, den ich vorgefunden habe,
er-öffnet jetztseits die verborgene Tür.
Hier zählt nicht mehr die Gier, hier zählt die Kür,
das Grau-in-Grau erstrahlt in neuer Farbe!

Die alte Rechnung müssen wir bezahlen,
um jetztseits von den Schulden frei zu sein!
Nun dürfen wir in lichten Sichten malen:
Das LEBEN IST PRÄSENT trotz aller Pein!

Mein Egoturm

Mein Ego ist in sich verkrümmt,
kämpft um sein Überleben.
Es ist vergangenheits-
getrimmt
und
will
zu-
gleich
an Zukunft
kleben. Die Gegenwart ist
ihm ein Gräuel, denn sie bedroht
die Ego-Drift, und sie entwirrt das
Egoknäuel, befreit vom egohaften Gift.

Mein Ego wird sich deshalb hüten,
die lichte Gegenwart zu streifen.
Es wird mir listig anbieten, nach
jenen Früchten nur zu greifen,
die in der Ego-Haft gedeihen,
damit ich nicht den Anruf höre:
Lass` Dich vom Egoturm befreien,
dass es Dich niemals mehr betöre!

Meine Generation

(nach 1945)

Nach
soviel Tod
geboren und
will nur leben,
todesfern, verläuft
sich ohne Plan im
Wohlstand-Wucher-
Wahn, verlebt sich
totgeboren. Und
könnte doch,
längst er-
wachsen,
endlich
erwachen,
nach soviel
Tod geboren
werden

ins
zeitbefreite
Jetztseits, um
schonender zu
überleben.

Minus-Welt und Plus-Gestalt (Lied) *

1. Strophe:

Ihr Schwächen, weicht mir endlich von der Seite!
Denn Euer Jammern kann ich nicht mehr hör`n!
Ihr engt mich ein, verstellt mir meine Weite
und sucht mit Schwächlichkeit mich zu betör`n.

2. Strophe:

Ich werde Euch ganz einfach ignorieren!
Bisher habt Ihr mich immer nur geschwächt!
Ich werd` mich an der Stärke orientieren,
damit Ihr nicht mein Selbstvertrauen zerbrecht.

3. Strophe:

In Zukunft lass` ich mich nicht mehr verführen
von Eueren düst`ren Sichten auf die Welt.
Ich will mich darin niemals mehr verlieren.
Drum hab` ich die Entscheidung gefällt:

Refrain:

Ich will mich in der Plusgestalt entfalten
und nicht in Eurer Minus-Welt erkalten!

Minus-Welt und Plus-Gestalt

Text+Musik
Lasse Los

1. Ihr Schwä-chen weicht mir end- lich von der Sei - te!

Denn Eu - er Jam-mern kann ich nicht mehr hö - ren!

Ihr engt mich ein, ver - stellt mir mei - ne Wei - te

und sucht mit Schwäch - lich - keit mich zu be - tö - ren.

Refr.: Ich will mich in der Plus- Ge-stalt ent - fal - ten

und nicht in Eu - rer Mi - nus - Welt er - kal - ten!

Ich will mich in der Plus- Ge-stalt ent - fal - ten

und nicht in Eu - rer Mi - nus - Welt er - kal - ten!

Mittenverlust im Macherwahn

Es ist die Mitte, die Dir mangelt!
Im Wahne, alles zu gestalten, hast
Du Dich von ihr weg gehangelt,
hin zu den Gegensatzgewalten.

Doch ohne ihre Bändigung
im Gegensatzvereinten-Plus er-
sprießt Dir nicht Verständigung
im arg bedrängten Lebensfluss.

Es ist die Mitte, die Dir blüht,
wenn aus der Gegensatzgewalt
die Dir geschenkte Plusgestalt
Dich in das Schöpferische zieht,
aus dem Du neu gestalten kannst,
und Dich nun nicht mehr selbst
verschanzt im Macherwahn.

Mythos vom Wohlstand aller
(Aphorismus)

Der Mythos vom Wohlstand aller
muss gekreuzt werden mit dem
Mythos vom Wohl-Stand aller.

Nach Todes-Partituren-Plan

In
uns, da wächst
der Wucherwahn und
explodiert im
äußeren
Zerstören.

Drum hilft es nichts, auf äuß`rer Bahn
uns mit Verbesserungen zu betören.

Denn dem Zerstörungspotential, dem
dienen wir mit den Veränderungen.
Und wir verfeinern nur die Qual
mit raffinierteren Verblendungen.

Erwachen wir aus unserem Wahn,
gewahren wir die Fratzen der Verendung
in sich zu Tode fressender Verschwendung
nach   T o d e s - P a r t i t u r e n - P l a n.

Die Nacht der blinden Macher geht zu Ende!
Doch was erwartet uns an dieser Wende?

Nicht *alles,*
was gut *geht*
das geht auch *gut!*

Verlebte sich bisher verdreht!
Ihm ging`s darum, was alles geht!
Doch jetzt gewahrt er es, oh Graus,
dass das, was alles geht, ihn aus
dem ur-ei-ge-nen Tritt gebracht
und sich zu seinem Herrn gemacht,
der ihn wie einen Sklaven treibt
und, ihn verbiegend, einverleibt
in nur geliehene Mächtigkeit,
gestundet, bis er seine Zeit
vergeudet hat mit Nichtigem,
nur aufgeblasen Wichtigem,
und er bei allem, was so geht,
verweht und dabei viel zu spät
im seinem Sterben erst erfährt,
was er gerade jetzt entbehrt:
Wenn Leben nur um das, was geht,
streng ausgerichtet lebt, verdreht
es sich bis es zuletzt versteht:
Dass es vor allem darum geht,
worum sich Leben wirklich dreht!

Noch rechtzeitig verpassen

Was ich der Welt zu geben hab`,
ist nicht ein Tun: Es ist ein Lassen!
Ich kann es selber noch kaum fassen,
doch hält mich diese Sicht auf Trab.

Ich pilgere durch Euren Raum,
erfahre die Beschleunigung
als den globalen Zukunftstraum,
gewahr` sie als Enth/a/eut(ig)ung.

Ihr flüchtet vor dem Hier + Jetzt
in die Verbesserung der Zukunft,
begründet es stets mit Vernunft
und merkt nicht, wie Ihr Euch verletzt.

Euch heilen kann jetzt nur ein Lassen,
ein Innehalten und Gewahren,
um rechtzeitig noch zu verpassen:
Die selbstgezeugten Fluchtgefahren!

Osternwärts

Mit der Erde gehen, meint:
Sich einfach ostwärts drehen lassen
von ihr und nicht westwärts streben,
westernwärts überleben wollen
gegen alle anderen,
sondern
sich und
seinesgleichen
osternwärts erheben.

Overdrive und Nekrofilia

Ein zeit-
gemäßes Götterpaar,
Overdrive und Nekrofilia,
herrschen nun im geistigen Regiment.

Warum nur mussten wir uns quälen
und sie zu Göttern auserwählen?
Warum nur haben wir uns verrannt,
ihr wahres Wesen total verkannt?

Sind wir im Geiste denn so krank,
dass wir sie loben und auch preisen,
sie uns dafür als ihren Dank
in unseren Untergang verweisen?

Sie sind uns jetzt ganz offenbar
als Overdrive und Nekrofilia!

Lasst sie nun einfach ziehen,
in ihrem Untergang verglühen
und wendet Euch entschlossen
rettenden Übergängen zu.

Reiß`
Dich doch los
von der Verblendung!

Ach, all` Dein Herrschenwollen
erhebt in Dir DEN - HERRN.
Es bläht Dich auf, geschwollen
treibt es Dich ab vom KERN.

Jagt Dich
in die Verbannung und
unbehaust lebst Du und fern
von DIR in der Verspannung
ganz unter einem fremden Stern,
der Dich mit seinem Leuchten
blendet, Dir eine Mächtigkeit
verheißt, die bald schon gegen
Dich sich wendet, wenn Du
ihr weiter Leben leihst.

Reiß` Dich doch los von der Verblendung!
Dein Wunsch nach Machtvollkommenheit,
er steht im Dienst der falschen Sendung,
betört Dich nur und trägt nicht weit.

Sag` mir, wo willst Du enden?

Sag` mir, wo willst Du enden,
in Vollendung, in Vollblendung?
Wenn Deine hochgerüstete,
vollendete Ver-blen-dung
austrocknet und bröckelt
wie al-tern-des Make-up,
wenn Deine Vollblendung
rissig wird und verendet,
wirst Du Dich dann ändern?
Sag`, w o w i l l s t D u e n d e n:
In Voll-Endung, in Voll-Blen-dung?

Schmetterlingsmeditation

Die Raupe

ist kein Schmetterling!

Sie wird es auch nie werden,

wenn sie im Kahlfraß untergeht

und niemals inne hält und einsieht:

Sie ist zum Schmetterling erkoren,

muss Wandlungen durchleben

und durchleiden, in denen sie

und ihre ganze Raupenwelt

zerbricht und stirbt, sie

sich nach schmerzlichem

Verpuppen, neugeboren,

im Schmetterling

entbirgt.

Schonungslose Schonung

Und wider Meinen-Besseren-Willen
such` ich mich wieder nur zu schonen,
obwohl ich tief in mir, im Stillen schon
weiß, es wird sich doch nicht lohnen,
den Widerständen auszuweichen,
die mir das Leben jetzt
bereitet.

So werde ich wohl nur erreichen, dass
mir mein Freisein schnell entgleitet
und ich so ein Gefangener bleibe
der kuschelweichen Selbst-
verwohnung
und
mich nur
süchtig weitertreibe
in jene schonungslose Schonung.

Sich nicht hetzen sondern herzen!
oder:
Zukunft im globalisierten Kapitalismus?

Lie-be-leer, ein Va-ku-um!
Munt`res übertönt mit Scherzen,
tanzt sich duselig und dumm!

Welt der schnell betäubten Schmerzen!
Heilend-Waches weggedrillt!
Buntgedecktes wird sich schwärzen!
Es zerfällt das Abwehrschild!

Welt der mitgetrag`nen Kerzen!
Wi-der-stand im Übergang!
Motto für den Neuanfang:

Sich nicht hetzen sondern herzen!

S I C H

Sich präsentieren?
Als glänzendes Event?
Als leuchtendes Präsent?

Spur - Joch

Die Freuden,
die der Alltag bietet,
sind reduziert und kümmerlich,
hast Du Dich endlich eingemietet
in Dein verengtes Trümmer - Ich.

In ihm erscheint Dir Leben nur noch
allein als Ü-ber-le-bens - Kampf.
Halt ein! Gewahre dieses Spur - Joch!
Es pflockt Dich an im Blendungskrampf.

Entlasse Dich aus dieser Enge!
Das Leben ist nicht nur Gefecht!

Es zeigt sich tiefer als Geflecht,
gewahrst Du erst einmal die Klänge,
die Dich in ihrem Tönen fragen:

Willst Du Dich zu versöhnen waagen

mit
allem
L E B E N
im
Leben?

Umkehr in den Übergang

Den
Untergang,
den drohenden,
den können wir
nicht übersehen!
Wir müssen ihn
verstehen als
eindring-
liche
For-
derung
zur Umkehr
in den Übergang.

Umkehrbar?!

Es morden uns die Geister, die wir riefen!
Das wird uns offenbar von Jahr zu Jahr.
Auch wenn sie uns das Gegenteil verbriefen:
Ihr Wirken, es ist kaum noch umkehrbar!

Sie haben sich als Helfer angepriesen,
um uns von alter Herrschaft zu befrei`n.
Sie trieben uns in neuen Zwang hinein.
Als Herren haben sie sich ausgewiesen.

Wie wird die neue Herrschaft für uns enden?
Wie bändigen wir die Zerstörungsmacht?
Wie können wir das Unheil denn noch wenden,
bevor es - für uns tödlich - sich entfacht?

Es morden uns die Geister, die wir riefen!
Das wird uns offenbar von Jahr zu Jahr.
Wir müssen unsere Einsichten vertiefen:
Wie ist ihr Todeswirken umkehrbar?!

Umkehrkrise

Und wer sich verweigert, zu gewahren
und LEBEN im Leben zu erlauschen,
wird beim Versuch, DAS-LEBEN zu erfahren,
ES doch nur übertönen mit Eigenrauschen.

Bis SICH-DAS-LEBEN NUN dagegen wendet
und unerhört SICH SELBST Beachtung schafft,
in dem ES eine Umkehrkrise spendet,
in der ES das Nicht-Hören-
Wollen schafft.

Umkehr-Kur(s) im Warten

Mein Garten ist verwildert!
Mein Haus ist ausgebrannt!
Nichts wird mehr abgemildert:
Ich habe mich verrannt!

In meiner Kur bin ich gegoren
und habe NUN begriffen:
Ich werde neu geboren.
das Alte wird mir weggeschliffen!

Mein Haus wird schon erneuert,
so habe ich geträumt.
Der Schutt wird weggeräumt!

Ein neuer Kurs gesteuert,
ein Umkehrkurs im Warten
in unserem Haus und Lebensgarten.

Unab**wendbar!?**

Sie verrotten und verrosten,
Eure Wohlstands-Wucherei`n!
Viel zu hoch war`n ihre Kosten!
Wird die Nachwelt Euch verzeih`n?

Sind die Folgen unabwendbar,
werdet Ihr gestorben sein?
Was wird dann
wohl noch gedeih`n?
Ist das Ende Euch nicht klar?

Höchste Zeit ist`s anzuhalten,
Euch mit Blendung nicht zu foppen
und den Wahnsinnszug zu stoppen,
der schon bald im Abgrund endet,
wenn Ihr seine Fahrt nicht wendet!

Verlangsamung

Behindert die
Beschleunigung, sie
hindert ur-menschliches Streben.
Sie treibt Euch in Entwirklichung
und preist es noch als bess`res Leben.
Was hilfreich ist und lebenswert,
zeigt sich erst in der Achtsamkeit
und in Verlangsamung von Zeit.

Vom ver-rückten Raupenbruder

Wenn eine Raupe mit ihresgleichen
raupengemäß lebt und emsig strebt
und sich durchfrisst und lernt, den
Raupen-Standard zu erringen und
dann auf einen Raupen-Bruder trifft,
der ahnt, dass er zum Schmetterling
erkoren ist und deshalb kein Genüge
findet am raubgemäßen Nur-Raupe-Sein,
der vielmehr gegen Kahlfraß wettert
und seine Sichten vom eigentlichen
Ziel jedweder Raupe malt
und singt:

Wie
wird wohl
unsere Raupe ihm begegnen?
Hinhören und Begreifen, welch` hehres
Ziel sie eint oder Verdammen als
lebensfremde, verrückte Spintisiererei?
Und falls sie doch   - wider Erwarten -
Einsicht findet, so wird sie hoffentlich
dem schon in Schmetterlings-Gefilde
verrückten Raupenbruder freundlicher
begegnen und ihm im notwendigen
Gang durch das Auch-Raupe-Sein
befreiter beistehen können.

Wahrer Eigennutz

Zu Deinem Schutze rat` ich Dir:
Schütz` Dich vor allem Schmutz!
Doch vor allem beschütze Dich
vor dem zu starken Eigenschutz
und dem zu großen Eigennutz!

C. Auf alle Fälle ein neuer Fall

Das LEBEN im Leben

Allein zu überleben ist tertiär

Allein zu überleben ist tertiär!

Das Leben zu erproben

sekundär!

Allein

primär ist es,

dem LEBEN im Leben sich

ohne Wenn und Aber hinzugeben.

Doch ohne das Tertiäre und

auch das Sekundäre

ist das Primäre

ohne Halt.

Anfüllen oder erfüllen?

Breite Dich

nicht in der Welt aus,

um Dich mit ihr anzufüllen!

Bereite Dir vielmehr die Welt auf,

um Dich mit ihr zu erfüllen.

Auf präsenter Bahn

Mit
unserem Tun
ist nichts getan, wir
sind gar bald geschafft,
es sei denn auf präsenter Bahn,
die uns nicht nie-der-rafft, uns
vielmehr aus dem Macher-Wahn
befreit und uns die Schöpferkraft
verleiht zu jenem Lebensplan,
zugleich präsent zu sein und
ein Präsent zu sein
für sich und
andere.

Auf Richten
verzich-
ten

Auf
Richten
verzichten!

A u f - R i c h t e n,
n i c h t R i c h t e n!

Nicht Aus-Richten!
Nicht Ab-Richten!

Auf Richten
verzich-
ten!

Aufrichtiger mitleben

Die Zeit ist eine Illusion,
sagst Du, es gibt sie nur im Raum,
den wir bewohnen wie im Traum,
sagst Du, und den wir bald schon,
raum-zeit-befreit, verlassen.

Warum aus solchem Traumgeschehen
nicht jetztseits hier erwachen,
fragst Du, warum nicht auferstehen
diesseits vom Zeitenrachen, fragst Du,
jetztseits von Raum und Zeit?

Du willst der Zeit nicht wehren,
sagst Du, Du lässt Dich mit ihr gehen.
Du willst sie nicht verkehren,
sagst Du, willst nicht in ihr verwehen,
wie die, die an den Zeiten kleben.
Du willst, in ihrem Raum befreit,
sagst Du, aufrichtiger mitleben.

Aus dem Macherwahn
auf die Warter-
bahn

Erwach` mit
Schmerzen aus dem Wahn,
den Ihr mir einstmals angetan,
als Ihr die Macher wart´,
ich Euer Eingemachtes.

Verlasse endlich
jenen
Wahn,
den ich Euch
einstmals angetan,
als ich der Macher war
und Ihr mein Eingemachtes.

Ich folge jetztseits jener Bahn,
heraus aus allem Macherwahn.
Will aufgeweckter Warter sein,
nicht eingemachter Macher.

Bienenweisheit

In diesem antastbaren Leben sollst Du
nur so viel Dir erstreben, wie eine Biene
es vermag. Sie lässt der Blüte Duft
und Pracht, sie tötet nicht, wie wir
mit Macht, die blumig-fruchtige
Natur. Die Biene nimmt
nicht nur, ihr
Nehmen
ist,
so
neben-
bei, auch
noch ein Geben.
Denn sie bestäubt
die Blü-ten-pracht, hilft
dabei mit, ganz sanft und sacht,
den Früchtekranz erneut zu weben.

Chiffren,
neu findend,
kom-po-nie-ren

Nun lasst uns doch,

die wir nur noch ein

Luxusleben führen,

für die versetzte

Transzendenz die

heilenden, ureigenen

aufrichtenderen Chiffren,

neu findend, komponieren,

für die besetzte Transzendenz,

besetzt von manchem Priesterclan,

verletzt vom Ab-so-lut-heits-wahn

sowohl der religiös Gescheckten

als auch der mental Abgeschreckten.

Und haben wir sie dann gefunden,

so lasst sie uns zum Klingen bringen.

So werden wir von uns entbunden

in unserem Wohlstandswucherwahn

und unserer Seelen werden singen.

Das Lebens-Blatt

Es

ist uns

eines aufgegeben:

Wie

finden wir das LEBEN im

Leben?

Allein zu überleben ist zu dünn!

Was

bringt schon Überlebensgewinn, wenn

wir

- nachdem das Leben uns verschlissen -

am Ende

unserer Frist versterben müssen?

Allein

zu überleben haut uns hin!

Das

L E B E N

im

Leben

ist

der

Sinn!

Der Bruch der Wandlung

Was   hat   mich   da   ergriffen?
Wer   hat   mich   eingenommen?

Ich   werde   nun   geschliffen,
gewahre, noch verschwommen,
dass ich mich wandeln werde.

Und dies` androht mir Leid!
Ab-weh-ren-de   Ge-bär-de
schützt mich noch eine Zeit
vor dem endgültigen Zerfall
selbstmächtig zugerichteter
Identität im   eigenen All.

Und in den Bruch gewichtiger
Verblendungen, die mich gebannt,
durchscheint mein Kern als Diamant.

Ein neuer Ostermorgen

Sehnst Du Dich auch nach Menschlichkeit
und Nächstenwärme, die uns durchglüht,
die uns befreit? Ob uns vielleicht
in unserem Leid ein neuer
Ostermorgen
blüht?

Ein
Aufer-
stehen von
allen frostig knebelnden
Alleinvertretungsansprüchen für das,
worum es eigentlich
im Leben
geht?

(Die Frage, worum es eigentlich geht,
wird in „Lasse Los: Worum geht es eigentlich?"
BoD, Norderstedt 2020 mit Gleichnisgedichten umkreist)

Ein
Anderes-
Nicht-Prinzip

Das obwaltende Prinzip:
Verscherbeln und Verschandeln,
das meistens die Geschichte schrieb,
muss sterbeln, sich verwandeln,
damit ein Anderes - Nicht - Prinzip
die Oberhand gewinnt im Handeln.
Dies` ist das sich aufrichtende
Wandeln durch den Lebensgang,
das sich sanft verdichtende
Handeln im Zusammenklang,
das Auf-Sich-Verzichtende
im gemeinsamen Gesang.

Von Fall zu Fall gewahren,
was hier und jetzt von Dir verlangt,
Dich nicht entzieh`n, Dich aufklaren,
woran es jetzt gerade krankt.
Handle, trotze den Gefahren,
damit es seine Heilung
Dir mitver-
dankt!

ES ist einfach DA

Im Haben ist ES nicht zu haben.
Zu haben ist ES nicht im Sein.
Im Haben scheint ES vielfach durch.
Im Sein, da ist ES einfach DA.

Flügel-Raupen-Trance-Gleichnis

In ihrem Raupen-Karneval
verkleiden sich, von Fall zu Fall,
die Raupen gern als bunte Falter,
gezwängt in enge Flügelhalter.

Als Flügelraupen tanzen sie
in Trance sich aus der Apathie
des Raupenalltags in den Schein,
als Tänzer Schmetterling
zu sein.

Der
Schein
zerbricht!
Der Alltag bleibt!

Was alle Raupen einverleibt:
Der Weg durch ihren Wandlungsring
von Raupe, Puppe, Schmetterling.

GEGENWART

GEGENWART
als Himmelfahrt in
allem Widerwärtigen
unserer Lebensart.

GEGENWART
als Widerpart zu
allem Widerwärtigen
in unserer Lebensart.

GEGENWART
als neuer Start trotz
allem Widerwärtigen
in unserer Lebensart.

GEGENWART
als Lebenspart in
allem Widerwärtigen
unserer Lebensart.

Gewahren und bewahren

Gewahren,
was zu bewahren ist,
und sich bewähren
im Bewahren.

Ich bin frei!

Ich bin frei!
Ich kann es mir erlauben,
materielle Ansprüche zu senken.

Ich bin frei! Ich brauch` es nur zu glauben:
Wesentliches wird sich täglich schenken!

Ich bin frei! Ich kann darauf verzichten,
mich in Euren Weisen zu verkleiden.

Ich bin frei, mich nicht nach Euch zu richten,
Euren Wohlstandswucherwahn zu meiden.

Ich bin frei! Ich häng` an keiner Richtung!
Aus-ge-rich-tet war ich lang genug!

Ich bin frei! Ich leb` auf off `ner Lichtung
und gewahre so manchen Schattentrug.

Ich bin frei!
Ich finde die Befreiten, die in
Achtsamkeit schon miteinander leben.

Ich bin frei! Ich werd` in ihren Breiten
mich in Aufrichtung mit ihnen erheben,
meine Freiheit mit der ihren verweben,
um verantwortete Räume zu erstreiten.

Im NEUEN RUND

Die
Explosion
der
Daten
zwingt zum
erschrockenen Halt.
Wo ist der neue Spaten,
der tiefer gräbt, der die Gewalt
der Datenwucherung durchstößt,
und der den Daten-Wucher-Wahn
in seinem Kranken-Kern entblößt.
Und frei legt eine andere Bahn,
auf der es sich noch leben lässt,
herzgestützt, im Kern gesund,
jetztseitig im NEUEN RUND,
aus dem das Leben als ein Fest
sich offenbart in Plusgestalt
mit seinem urvertrauten Halt.

Im Tempolimit leben

In
Zukunft
soll ein Tempolimit
nicht nur auf Autobahnen gelten,
sondern auch in allen
Überlebenslagen
unsere Richt-
schnur
sein.

In
der Kraft
des EINEN
GAN-
ZEN

Nur im Licht
des EINEN GANZEN
will ich fortan weiterleben.
In ihm die Figuren tanzen,
die mir von ihm aufgegeben.

Lass mich leiten, lass mich weiten
hin zu meiner ENDLICHKEIT
und will kämpfen und will streiten
für mehr globale Menschlichkeit.

In der Kraft des EINEN GANZEN
find` ich meine Plusgestalt. Seine
heilen Resonanzen schenken
mir den rechten Halt,

klingen in mir an und aus,
helfen mir, mich aufzurichten,
durchtönen die Blockade-Staus
auf dem Weg, mich zu durchlichten.

In der Stille

In
der Stille
der Besinnung
quillt
Dir
stillende
Gesinnung.

Jenseits vom Muttermund

Wer nicht zum wiederholten Mal
geboren wird, bleibt dauerhaft
verbogen.
Ihm bleibt erspart
der Auszug aus der breiigen
Geborgenheit im Muttermutt.
Doch er erstarrt,
schlaraffenhaft rundum,
vergreist jenseits vom Muttermund.

JETZT-
SEITS aller
Selbstverpfändung

JENES Mich-Durchlösende
ist in der Tiefe mir vertraut.
Doch ES hat im Lebenszwist
selten nur mich auf-er-baut.

Weil ich SEINE Nähe fliehe
und ES deshalb nicht gewahre,
da ich IHM mich stets entziehe,
mich nicht IN-IHM aufklare.

Denn ES würde mich berauben
meiner selbst, in seinen Tänzen
meine Rahmen mir entgrenzen.
Und ES würde mir erlauben,

meine selbstbezogenen Sichten,
meine selbstverliebte Blendung
LEBENSOFFEN auf-zu-lich-ten
JETZTSEITS aller Selbstverpfändung.

Jetztseits leben

Jetztseits leben,
ach, so vielen wäre es gegeben!
Wenn sie sich nicht mehr verspinnen,
mehr verkleben würden, seitwärts, zeitwärts
sich verdünnen, abwärts rinnen, ohne zu
gewahren, was sich innen in der Stille
ihnen offenbaren könnte, wenn sie
es nur ließen, was da sprießen
will und sich erheben:
Jetztseits leben!

Jetztseits hier im Zeitenrad
Oder:
Heimkehr ins Konkrete

Ein Jahrtausend geht zu Ende,
übt sich ein schon ins Finale,
kriselt überall, die Wende kommt,
die Kehre ins Trans-per-so-na-le.

Es ist die Heimkehr ins Konkrete
nach Zeitaltern der Abstraktion.

Wir bestellen unsere Beete
diesseits aller Nur-Fraktion,
aller trennenden Fiktionen,
aller Zeit-ver-fan-gen-heit
der mentalen Restriktionen.

Die Hinkehr ist Konkrete weiht
uns ein, wir finden Heimat,
jetztseits hier im
Zeitenrad.

Langsames Erwachen

DU:

der Du jetzt

erwachst aus jenem

Wahn des Abgedumpft-

Normalen und nun befreiter

schauen kannst, Dir schwant,

Du warst zu lange schon ver-

wahnt: Doch hüte Dich,

zu glauben, Dein jetziges

Erwachen sei schon der

Endpunkt aller Wachheit.

Vor weiterem Erwachen

wirst Du viel warten

müssen, auf - warten

und ab-warten und Dich

dabei verwandeln lassen.

Denn höre und gewahre:

Ein Schmetterling ist

keine Flügel-

raupe!

Leben lassen

Mich einfach nur noch tragen lassen
von dem, was dieses Leben trägt.
Die eigene Mitwelt sanft umfassen,
auch wenn sie sich im Wahn zerschlägt.

Dem Wohlstandswucherwahn entraten,
weil er mein Leben nur zerfrisst.
Denn sprießen erst die Wuchersaaten,
der Kahlfraßkrebs die Bahn durchmisst.

Uns einfach nur noch leben lassen
mit dem, was unser Leben hegt,
sich nur verborgen in uns regt
im heilig-heilsamen Umfassen.

**LE-
BENs-
ART   der
GEGEN-
WART**

Am
Vergangenen kleben,
im Zukünftigen weben,
geschieht im Jetztseits hier.

Gewahre es, so wirst Du Dir
bewusster, wie Du leben willst,
damit Du es nicht noch verspielst,
das Leben in der Gegenwart,
die LEBENsART in
GEGEN-
WAR

Lebensfreude

Gegen Deine Lebensgier
hilft Dir keine Gegen-Gier.
Mit ihr sollst Du einfach leben,
aber immer danach streben,

sie in ihren Todesbissen
zu sich selber wach zu küssen,
zu dem ursprungsoffenen Halt
der Prinzessinengestalt.

Königlich verwandelt sie sich,
gibt sich hin für Dich als Lehen,
hilft Dir aufrecht zu bestehen.

So verwandelt sie auch Dich,
nimmt mit Dir so manche Hürde
auf dem Weg zu Deiner Würde.

Lieben kontra Labern

Vor der Liebe
weicht
alles
- - -
Aufgeblasene,
schrumpelt ein,
zieht sich zurück,
und wenn es nicht
die Umkehr wagt,
dann bläht es sich
noch mächtiger,
um jede Liebe
auszublasen!

Macher oder Warter?

Ein Warter bin ich, unterlasse,
mich allzu emsig auf-zu-re-iben.
Ich warte nur!   Und ich erfasse:
Was nicht zu tun ist, wollen wir bleiben!

Noch ist die Erde nicht zerstört!
Doch wird es nicht mehr lange dauern,
wenn all` die Macher, die betört
vom Macherwahn so weiter powern.

Sie fliehen vor der Wirklichkeit
des Jetzt + Hier gelebten Lebens.
Und ist die Mühe auch vergebens:
Ich leg` mich an im Sichtenstreit.

Soll Menschenwelt in Zukunft noch
bestehen, muss der Warter siegen.
Zerstörend ist des Machers Joch.
Drum wird der Macher unterliegen!

Die Chancen stehen gar nicht schlecht,
weil der Planet sich endlich rächt.
Und kommen wir noch zur Vernunft,
zur Ein-Sicht in die neue Spur,
erringen wir der Menschen Zukunft
als Wartende, als Warter nur.

Memento mori *

Wenn Du in beruhigten Zeiten
schon das feine Läuten hörst,
dass sich andere vorbereiten,
in denen Du geläutert wirst,
bist Du viel bewusster Dir
und all` Deiner Lebenskreise,
lebst noch aufmerksamer hier
und jetzt, findest eine Weise
immer grüner Achtsamkeit,
für all`das, was lebt und stirbt,
triffst in Unverfügbarkeit das,
was um Dein Tiefstes wirbt
und in Deine Endlichkeit
Ur-Lebendiges entbirgt.

So wird es auch in ruhigen Zeiten
Dich durch Oberflächlichkeiten
auf geheimen Bahnen leiten
und, worum es geht, Dich weiten.

Memento mori - oder: Wenn Du in beruhigten Zeiten

Text+Musik
Lasse Los

Wenn Du in be-ru-hig-ten Zei-ten schon das fei-ne Läu-ten hörst,

dass sich and`-re vor-be-rei-ten, in de-nen Du ge-läu-tert wirst,

bist Du viel be-wuss-ter Di-ir und all Dei-ner Le-bens-krei-se,

lebst noch auf-merk-sa-mer hier und jetzt, fin-dest ei-ne Wei-se

im-mer-grü-ner Acht-sam-keit für all` das, was lebt und sti-irbt,

triffst in Un-ver-füg-bar-keit das, was um Dein Tief-stes wi-irbt

und in Dei-ne End-lich-keit Ur-le-ben-di-ges ent-bi-rgt!

So wird es auch in ru-hi-gen Zei-ten Dich durch O-ber-fläch-lich-kei-ten

auf ge-he-i-men Bah-nen lei-ten und, wo-rum es ge-eht Dich

wei-ei-ten.

Mich verwahnt Ihr nicht!

Angst
erzeugen
kann sie schon,
Eure waffensatte Todesliebe, Eure
ängstlich überhebliche Versteinerung,
Euer Wahn zur Griffigkeit
aller Jetztzeit,
Euer
Drang zur
Entgrenzung
in den Herzinfarkt.

Doch Ihr werdet mich nicht beugen
in der waffenfreien Sympathie
für all` das, was lebt und
aufwärts strebt zum Gipfel
aller Endlichkeit.

Neugeboren aus Entfrostetem

Verlogene
Geborgenheiten,
geborsten und verloren.

Gewogene Gepflogenheiten,
entfrostet und
vergoren.

Entborgene
Verbogenheiten,
entzogen und geschoren.

Und in diesen Entsorgezeiten
neu aus Entfrostetem geboren.

Neu-Anfang

Nochmal
völlig neu anfangen!
Ohne der Vergangenheit
im Erneuten anzuhangen:
Dazu   bin ich jetzt bereit!
Alles hinter mir zu lassen,
auch die Zukunft, die mich
zieht, das ist, was mich
jetzt um-fas-sen will,
was in mir erblüht!
J e t z t seits immer
wieder neu A u f-
e r s t e h e n-
v o r-d e m-
T o d e
wider
jede

flücht`ge
Mode: Weizen
trennen   von
der Spreu!

Nicht dran glauben!

Zu
glauben an...
und sich daran dann
auch noch auszurichten,
ist wohl die größte Sünde!
Steh` auf und überwinde
sie in der
eigenen
Aufrichtung!

Paradies

In tiefer Stille offenbarte sich
mir, was selten ich gewahrte:
Das Paradies ist HIER-IM-JETZT.
Nur ist es nicht In - Zeit vernetzt.

Es west im Jetztseitigen an, stets
frei vom Raum- und Zeitenbann und
schenkt sich doch in Raum und Zeit
als AN-TEST-BA-RE E-WIG-KEIT.

Und ich gewahr` es hinter Mauern!
Es sucht vor mir sich zu verschließen!

Um ego-frei in ihm zu sprießen, muss
ich noch manches Tief durchtrauern,
in meinen Illusionen sterben,
um MICH-IM-PARADIES
zu erben.

Plusgestaltgewollter Verwalter

Wir scheitern, wenn wir träumend uns begeistern
für`s Weltgehege technologischer Vernunft.
Wir müssen erst erwachen, um die Zukunft
nicht träumend plusgestaltverstellt zu meistern.

Die menschen-menschgemäße Plusgestalt,
sie braucht zu ihrer eigenen Entfaltung
und ihrer plusdurchtränkten Weltgestaltung
die volle technologische Gewalt.

Doch ist der Mensch in allem Mit-Gestalter
von einer Welt, die ihn nicht knechten darf.
Sonst bleibt er einer, der sich selbst verwarf:

Als plusgestaltgewollter Verwalter
lebendig begrenzter Möglichkeiten,
sich nur noch technologisch auszubreiten.

Plus-Gestalt-gewolltes Mensch-Menschsein

Noch sind wir da! Noch könn`n wir uns umhegen!
Doch es ist klar: Sehr lange sind wir nicht!
Noch können wir uns gegenseitig pflegen,
solange, bis das Leben uns zerbricht!

Doch meist versinken wir in jenem Wahn,
wir würden in der Zeit doch ewig leben.
Wir fantasieren unsere Lebensbahn
als zeitlich ungebrochenes Erheben.

Das Ewige in uns, es ist ganz zeitfrei.
Es zeigt sich in der Zeit nur als Präsenz,
durchscheint für uns in seiner Transparenz
nur hier - und - jetzt in allem Vielerlei.

In ihm zu weben im lichtenden Präsentsein,
das ist für uns höchstmöglicher Gewinn.
Das plusgestalt-gewollte Mensch-Menschsein:
Es ist für uns der aufgetragene Sinn.

Noch sind wir da! Noch könn`n wir uns umhegen!
Doch es ist klar: Sehr lange sind wir nicht!
Noch können wir uns gegenseitig pflegen,
solange, bis das Leben uns zerbricht.

Positives Denkverrenken?

Sich
selber lenken
mit
plusgestaltig kreativem Denken
und sich nicht selbst
verrenken
mit
positiv-nur-
reaktivem Denken.

Präsentalität

Weil der Mensch in seiner Fülle
bisher nicht erschienen ist,
sondern nur in neuer Hülle

Altes weiterlebt im Zwist,
kann man aus Vergangenheit
in die Zukunft nichts verlängern.

Drum sei wach und sei bereit!
Kehre um zu den Empfängern!

Sie gewahren, was uns einlädt,
tief im Jetztseits noch verborgen,
jene P r ä s e n t a l i t ä t
für ein menschlicheres Morgen.

Im Präsentsein ein Präsent sein
richtet auf in allen Sorgen!

Rettende sanfte Faulheit

Es träumte mir in letzter Nacht
von einer sonderbaren Krankheit,
die sich in dieser Wendezeit
vor allem hier bei uns
entfacht.

Ihr
Krankheits-
bild ist sanfte Faulheit,
gepaart mit einem Wohlgefühl
und dem Impuls, jetzt aufzuhören
im wohlstandswuchernden Gewühl
mit Fortschrittswahn sich zu betören
und Umwelt weiter zu zerstören.

Richtungsein-
zigartig-
keit

Die
einzige Richtung,
die ich für mein Leben
akzep-
tiere, ist
die humane,
die Aufrichtung.

Überfluss im Plus-Fluss

Ich gönn` mir nur den Überfluss,
den mir der Plus-Fluss jetzt gewährt.
Er führt mich nicht zum Überdruss,
in ihm werd` ich nicht mehr versehrt.

In ihm werd` ich nicht überschwemmt
von all` den unnötigen Dingen.
In ihm werd` ich mir nicht mehr fremd.
In ihm wird Leben mir gelingen.

Der Plus-Fluss schenkt den Überfluss,
der mich nicht mehr mein Leben kostet.

Im Plus-Fluss werde ich entrostet und
noch, zu allem Überfluss, von der
ALL-EINEN-WIRKLICHKEIT
in meine Aufrichtung befreit.

Umgehen oder Umkommen?

SUCHT
die Süchte zu umgehen.
GEHT behutsam mit Euch UM.
Ihr sollt ihnen widerstehen!

Denn in ihren Fängen
könnt Ihr Euch versengen.
Und so kommt ihr langsam um!

Umkehr als Notwehr

Nun ziehe Dich tagtäglich mehr
als Eigenschutz aus dem Verkehr
und wandle dann, im Übergang
erwachend, mit DIR selbst umher.

Gewahre ES und lausche quer,
um das, worum es wirklich geht,
nicht zu umgehen. Und wenn
ES Dich ganz MIT-DIR trifft,

so wird es Dich verwandeln,
damit in Umkehr Du nicht
mehr verquer nur
noch nach
Wohlstand strebst
und für Dich selbst nur lebst.

Umkehr

Im
Leben mehr
so
nebenher,
zum LEBEN hin
eine Umkehr mittendrin,
vom L E B E N her
zum Leben hin.

Umkehrweichen (Lied) *

Schon erreichen uns die Zeichen
einer strengen Wandlungskur.
Wir entwinden uns den Sünden
unserer Wucher-Wahn-Kultur:

Der Verrohung und Bedrohung
auf maß-lo-ser Kahlfraß-Tour.

Wenn die Zeichen uns jetzt erreichen
Und die Umkehr, sie kommt pur,
werden wir uns wohl umwenden
und der Planet wird nie verenden
in einer selbstgewählten
Untergangstortur!

Umkehrweichen

Text+Musik
Lasse Los

Und frei vom Zukünftig-Gewesenen

Im Hier-und-Jetzt ist erst das volle Leben,
hast Du Dich auch an Zukunft orientiert.
Im Jetztseits nur wirst Du Dich nicht verkleben
mit dem, was aus Vergangenem Dich ziert.

In manche Tradition bist Du verwoben,
die Dich im Hier-und-Jetzt kaum atmen lässt.
Bleibst Du ihr treu, hast Du Dich schnell verhoben,
G(V)e(r)wesen(d)es durchtönt den Lebensrest.

Im Hier-und-Jetzt, da ist das volle Leben,
hast Du Dich auch auf Zukunft programmiert.
Im Jetztseits nur wirst Du Dir nicht entschweben
mit dem, was ins Zukünftige Dich verführt.

Hast Dich an manche Illusion gefesselt,
die Dich an zukünftige Welten ketten.
So hast Du Dir Dein Leben eingekesselt.
Doch auch die Zukunft wird Dich nicht erretten.

Im Hier-und-Jetzt nur ist das volle Leben!

Erlöst von allem nur Geglaubt-Erlesenen
und frei von allem Zukünftig-Gewesenen
darfst Du in Plusgestalt Dich nun erheben
und einfach nur das LEBEN vielfach-leben.

Unter Wertschätzung kritisierbar

Kritisier` ich, wie Ihr Euch verhaltet,

mein` ich das Verhalten und die Haltung,

die sich darin zeigt und auch entfaltet,

doch nicht Euch als Halter der Gestaltung.

Ihr verbleibt stets jenseits der Kritik

in bedingungsfreier Akzeptanz

und in mitmenschlicher Resonanz,

wertgeschätzt im achtungsvollen Wesenblick.

Nur vor diesem Wesenshintergrund

will ich Fehlverhalten kritisieren

und die Fehlhaltungen inspizieren.

Allein vor ihm tun sie sich offen kund

und erweisen sich - das ist mir klar -

nur unter Wertschätzung als korrigierbar.

Verweigerungsverweigerer
oder
LEBENs-Anti-Anti

Er weigert sich beharrlich
mit Verweigerern zu singen,
die das Lebens lauthals preisen,
es in ihre Bahnen zwingen,
die viel zu engen, selbstverkrümmten,
die windigen, die falsch gestimmten,
die unter immer gleichen Fahnen, dem
Jetztseits fern, allseits verwahnen.

Er weigert sich beharrlich den
Verweigerern zu grollen,
die im Stile ihrer Süchte
ihren Lebenseinsatz zollen,
weil auch sie die Sehnsucht treibt
nach dem, was nicht vergeht, was bleibt.
Doch sie trachten zu genesen, sich
zu heilen im Verwesen.

Er weigert sich beharrlich
die Verweigerer zu lehren.
Solange sie sich selbst verweigern
bleibt nur, trotz allem sie zu ehren
oh-ne kan-zeln-des Ge-ba-ren.
Er weiß aus eigenem Gewahren:
Im Grunde der Verweigerung
wartet eine Umkehrung!

Wem willst Du Dich anvertrauen? *

Nebel-Dichter,   Nebel-Lichter:
Wem willst Du Dich anvertrau`n?
Nebel-Dichter schenkt Dir bunte Nebel,
kannst damit Paläste bau`n,
kannst Dich schmücken
und wirst andere
Vernebelte
ent-
zücken!
Nebel-
Lichter
fordert von
Dir bunte Nebel
ein,   raubt Dein
Wohnen Dir im Dunste,
lichtet allen faden Schein.
Und entsorgt Dich Nebelnächten,
will Dein LEBEN Dir erfechten,
will ohn` Wenn und Aber
Dein Belichtet-
sein.

Und
nun wähle:
Welche Richtung
schlägst Du
ein?

Wem willst Du Dich anvertrauen?

Text+Musik
Lasse Los

Refr.:Ne - bel - dich - ter! Ne - bel - lich - ter!

Wem willst Du Dich an - ver - trau - en? Ne - bel -

dich - ter! Ne - bel - li - ich - ter! Wem willst

Du Di - ich an - ver - trau - en?

1.Str.:Ne - bel - dich - ter schenkt Dir bun - te Ne - bel,

kannst da - mit Pa - läs - te bau'n,

kannst Dich schmü - cken und wirst an - de - re

Ver - ne - bel - te ent - zü - cken.

2.Str.:Ne - bel - lich - ter for - dert von Dir bun - te Ne-bel ein, raubt Dein

Woh-nen Dir im Duns - te lich - tet al - len fa - a-den Schein und ent -

sorgt Dich Ne-bel - näch - ten, will Dein LE - BEN Dir er - fech - ten, will

oh - ne Wenn und A - ber Dein Be - lich-tet - sein.

Und nun wäh - le und nun wäh - le!

Wel - che Rich - tung schlägst Du ein?

Und nun wäh - le und nun wäh - le!

Wel - che Rich - tung schlägst Du ein?

West - Östliche Umarmung **

Und
würdest Du
mich
fragen:

Was hältst Du von der Religion?
So würde ich Dir sagen:
Ich suche jenen neuen Ton
west-östlicher Umarmung
des Buddha mit dem
Christus-Jesus.

Begegnung beider als Ent-Tarnung
der religiös Verengten, jener,
die ihren jeweiligen Meister
noch nicht in seiner
Tiefe kennen

und sich nur - frömmelnd - selbst verrennen,
die sich verkleben mit dem Kleister
der eigenen Unfehlbarkeit
bis an das Ende ihrer Zeit.

Carl Friedrich von Weizsäcker im Gespräch mit Erwin Koller:
„Ich glaube, dass die Begegnung der Religionen eines der wichtigsten zukünftigen geistigen Ereignisse der Menschheit ist. Denn sie werden alle lernen müssen, dass die Weise, wie die Religionen sich selbst interpretiert haben, noch provinziell war. E.K.: Dass sie also zum Kern ihrer eigenen Religion erst vorstoßen müssen. C.F.v.W.: Dass sie zu dem, was die Meister, von denen sie sich herschreiben, gesagt haben, zum Verständnis davon überhaupt erst kommen müssen. Und dass das, was man gewöhnlich überliefert, sehr häufig eine Parteimeinung ist."

*In: Carl Friedrich von Weizsäcker:
Zeit und Wissen, München, Wien 1992, S. 340*

Vom

Plus im Kreuz

ge-

halten

Und im Kreuz,
vom Plus gehalten,
kreuzen seine Wege häufig
mi-nus-haf-te Giergestalten,
reduziert auf: Alles käuflich!
Und versuchen, ihn zu bannen,
ihn mit manchem zu betören,
sich auf`s Minus einzuschwören,
um bei sich ihn vorzuspannen.

Doch im Kreuz,
vom Plus gehalten,
widersteht er den Attacken,
mi-nus-haft dies zu zerhacken
und sich von ihm abzuspalten.
So vom Plus im Kreuz gehalten,
kreu-zi-gen die Gier-ge-stal-ten
ihm die Haltung aus dem Plus
mit dem Minus mal Minus.

Doch vom Plus
im Kreuz gehalten
aufersteht er stets erneut,
um noch tiefer zu entfalten,
was im Plus-Kreuz ihn betreut.
Er hat es noch nie bereut!

<u>Epilog</u>

Ob Dichterwort
noch heilen
kann?

Immer
schneller, fort,
nur fort, weiter rasen!
Noch perfekter, Ort für Ort,
endabgrasen!

Und die Menschlichkeit,
Hort um Hort, weggeblasen!

Opfermord uralt-neuer gnadenloser Religion:
Unerbittlicher Glauben an das Fortschritts-Opium!

Ob Dichterwort, als Widerpart,
noch heilen kann den Wucherwahn,
den Todessport als Lebensart
der Gegenwart?

Anmerkungen:

* Alle Lieder in: **Lasse Los: ...da muss doch noch LEBEN ins Leben rein!** Liederbuch - 71 Lieder aus drei Jahrzehnten mit Noten und Akkordsymbolen - 2017 - BoD, Norderstedt

** Inspiriert durch einen Text von Jack Kornfield, einem amerikanischen Psychotherapeuten und Buddhismuslehrer in seinem Vorwort zu dem Buch: JESUS UND BUDDHA – Worte, die unser Herz erleuchten – München 1999 - von Marcus Borg, einem christlichen Theologen.

„Als ich den Buddhismus studierte, durfte ich ein Kloster im vietnamesischen Mekong-Delta besuchen. Es war von einem Meister des Friedens, der als der „Kokusnuss-Mönch" bekannt war, auf einer Insel errichtet worden und hatte sich im Laufe der Kriegsjahre mit Mönchen gefüllt. Unser Schiff // fuhr mitten durch die Kampfhandlungen und gelangte an das Dock, wo buddhistische Mönche uns empfingen. Als sie uns herumführten, erläuterten sie uns die Lehren der Gewaltlosigkeit und der Vergebung, auf welchen ihr Leben gründet. Wir aßen dann zusammen. Dann brachten sie uns an das Ende der Insel, wo oben auf einem Hügel eine gewaltige fünfzehn Meter hohe Buddha-Statue stand. Neben dem Buddha stand eine ebenso hohe große Statue Jesu. Sie hatten einander die Arme um die Schultern gelegt und lächelten. Während die Kampfhubschrauber kreisten und der Krieg um uns tobte, standen Buddha und Jesus dort wie Brüder und drückten Mitgefühl und Heilung für alle aus, die ihrem Weg folgen wollen.
Das in diesen Statuen symbolisierte Band der Liebe ruht auf einer von beiden geteilten universellen Weisheit. Beide lehren sie das Gesetz des Herzens, den ewigen Geschmack der Tugend, den Pfad der Großmut, die Macht des Vertrauens, der Gelassenheit und der Mitgefühls." (S. 7 und 8)

In der Reihe Edition L O S   sind außerdem erschienen:

*(Leseproben bei BoD - www-bod.de und einige Hörproben
auf meinem YouTube-Kanal „Lasse Los"
unter dem jeweiligen Titel)*

Band 1: Lasse Los: Im Staunen bin ich frei gesetzt
Gedichte, Lieder, Texte 2001 - Neuauflage 2016 -
BoD, Norderstedt   *Hörproben auf YouTube*

Band 2: Lasse Los: Verwundert
Heilsames Misslingen   - Testlauf in der Kunst des
Scheiterns - Gedichte und Briefe 2001, erweiterte
Neuauflage 2016 - BoD, Norderstedt

Band 3: Lasse Los: *R*-AUSGEFLOGEN
Ein bunter Abgesang auf einen Kreuzweg in und aus
der real existierenden Kirche! Texte, Gedichte und
Briefe - erste Version 2001 - erweiterte Neuauflage
2016 - BoD, Norderstedt

Band 4: Lasse Los: Seid ihr noch zu retten?
Tiefenökologische und spirituelle Gleichnisse als
Music- Textivals - 2001 - erweiterte Neuauflage
2016 - BoD, Norderstedt   *Hörproben auf YouTube*

Band 5: Lasse Los: Den Umkehr-Blick wagen
Wort-Bilder und Gedichte - Erstauflage 2016 -
BoD, Norderstedt   *Hörproben auf YouTube*

Band 6: Lasse Los: ...dennoch JA zum Leben sagen!
Musik-Text-Collagen zu drei bewegenden tragischen
Schicksalen: Gesine Wagner, Etty Hillesum und Martin
Gray, 2016 - BoD, Norderstedt   *Hörproben auf YouTube
unter: „Gesine Wagner: Im Feuer ist mein Leben verbrannt!"*

Band 7: Lasse Los: Der GEIST weh(r)t (sich,) wo er will!
Abgesang im Übergang zum Aufgang - oder: Den
Frommen entkommen - oder: Angewidert abgewandt
Kirchenkritische Gedichte und Texte - Erstauflage 2016
BoD, Norderstedt

**Band 10: Lasse Los: ...da muss doch noch LEBEN ins Leben
rein! Liederbuch -** 71 Lieder aus 3 Jahrzehnten mit
Noten und Akkordsymbolen - 2017 - BoD, Norderstedt
Hörproben auf YouTube unter: „Bevor es zu spät ist!"

Band 11: Lasse Los: UMKEHREN oder UMKOMMEN?
Entsorgt den Wohlstandswucherwahn! Es kostest sonst die Welt! - Gedichte und Lieder zur aktuellen ökologischen Krisenlage, 2020 - BoD, Norderstedt

Band 12: Lasse Los: Worum geht es eigentlich?
Gleichnisgedichte, 2020 - BoD, Norderstedt